年度课题专著5-3

保险资金参与PPP项目：
风险管理与退出机制

中国保险资产管理业协会
鹏元资信评估有限公司　编著

中国财经出版传媒集团
中国财政经济出版社

图书在版编目（CIP）数据

保险资金参与 PPP 项目：风险管理与退出机制／中国保险资产管理业协会，鹏元资信评估有限公司编著．—北京：中国财政经济出版社，2018.10
ISBN 978 – 7 – 5095 – 8491 – 0

Ⅰ.①保… Ⅱ.①中… ②鹏… Ⅲ.①政府投资 – 合作 – 保险资金 – 资金管理 – 研究 – 中国 Ⅳ.①F832.48 ②F842.4

中国版本图书馆 CIP 数据核字（2018）第 205802 号

责任编辑：郁东敏　　　　　　责任校对：张　凡
封面设计：李运平

中国财政经济出版社　出版

URL：http：//www.cfeph.cn
E – mail：cfeph @ cfeph.cn

（版权所有　翻印必究）

社址：北京市海淀区阜成路甲 28 号　邮政编码：100142
营销中心电话：010 – 88191537　北京财经书店电话：64033436　84041336
中煤（北京）印务有限公司印刷　各地新华书店经销
787×1092 毫米　16 开　12.25 印张　194 000 字
2018 年 10 月第 1 版　2018 年 10 月北京第 1 次印刷
定价：88.00 元
ISBN 978 – 7 – 5095 – 8491 – 0
（图书出现印装问题，本社负责调换）
本社质量投诉电话：010 – 88190744
打击盗版举报热线：010 – 88191661　QQ：2242791300

编委会

主　　　任：曹德云

副 主 任：贡　悦　刘传葵

编委会委员：（按姓氏拼音排序）
　　　　　　李慧杰　梁风波　柳仕奇　倪　霓　万华伟
　　　　　　张志晓　赵　越

作　　　者：（按姓氏拼音排序）
　　　　　　艾仁智　常丽娟　陈诣辉　高慧珂　高　越
　　　　　　韩守升　何苗苗　李天骄　李　萱　李　珍
　　　　　　刘　婉　刘　雅　罗　文　王海潮　魏　超
　　　　　　吴志武　徐余洁　延骁威　赵　哲

统　　　稿：（按姓氏拼音排序）
　　　　　　陈洛霏　李　萱　周韬文

序一

党的十九大以来,我国金融形势总体向好,宏观杠杆率趋于稳定,市场预期明显变化,金融机构合规意识增强,对外开放持续扩大,金融风险由发散状态向收敛状态转变。

保险业作为现代金融体系重要组成部分,专于市场化的风险管理、社会保障、灾害救助,保险资产管理业精于长期、多元、稳健投资管理,在助力经济社会发展、维护金融稳健运行等方面发挥了积极作用。当前,保险业保持平稳增长,业务结构持续优化,保险保障功能持续提升;保险资产管理业实现了资产配置更加多元,投资收益稳步增长,投资运作更加稳健审慎,风险管理能力显著增强,服务实体经济力度持续增加。

与此同时,我国经济正由高速增长阶段转向高质量发展阶段,经济尚处于新旧动能转换时期,长期积累的金融风险进入易发多发期,外部不确定因素有所增多,需要积极稳妥和更加精准地加以应对。保险资产管理业如何更好地应对挑战,继续做好防范化解金融风险各项工作,增强实体经济服务质效,深化保险业改革开放,需要全行业以更加务实严谨的态度,踏实做好保险资产管理领域的理论研究和实务钻研,与时俱进地跟踪、探索前沿研究成果,用战略眼光助力行业持续稳健发展。

中国保险资产管理业协会始终致力于发挥监管与市场之间的桥梁纽带和平台作用,推动行业研究力量壮大、研究工作发展。"IAMAC 年度课题系列成果专著"是在协会"2017IAMAC 年度课题"成果的基础上,精选业界广泛参与、监管重点关注的五大主题,基于现有课题成果,梳理整合,凝结形成的五本专著,分别是:《保险资金大类资产配置:风险平价模型应用研究》《责任投资与普惠金融:保险业参与模式研究》《保险资金参与 PPP 项目:风险管理与退出机制》《养老金管理与养老产业投资:保险参与模式研究》《保险资金服务实体经济:国际经验与路径选择》。

保险资金参与 PPP 项目：风险管理与退出机制

"IAMAC 年度课题系列成果专著"的公开出版发行，既充分展现了保险资产管理业对重大经济金融问题、业务发展创新的思考与探讨，也是行业智慧和研究成果的又一集中体现。期待本套专著能为当前形势下我国保险资产管理的转型发展提供理论参考和现实借鉴。希望保险行业能够继续深入研究，形成更为丰富的研究成果，为我国保险资产管理行业发展贡献力量。

中国保险资产管理业协会
执 行 副 会 长 兼 秘 书 长
2018 年 8 月

序二

对于保险行业而言,保险资金的运用效率和运用效果对保险公司的生存与发展意义重大。经过多年的发展,我国保险资金投资经历了从无到有、从小到大、从弱到强的发展历程。"1995年《保险法》颁布实施后,保险资金运用的混乱局面从根本上得以扭转。2003年以来,保险资金运用开始逐步走上集中化、专业化、规范化的良性发展轨道。"基础设施投资因其规模大、时间长、收益稳定一直受到保险资金的青睐,但是在政府和社会资本合作(PPP)投资领域,因为缺乏明确的规定,加之PPP股权投资的性质,保险机构对于PPP项目仍然持有比较谨慎的态度。2016年7月,原中国保监会修订实施的《保险资金间接投资基础设施项目管理办法》,明确保险机构可以"采取股权、政府和社会资本合作模式投资基础设施",同时要求"应当选择收费定价机制透明、具有预期稳定现金流或者具有明确退出安排的项目",对保险机构投资PPP项目起到了促进作用。根据2017年5月5日原中国保监会《关于保险资金投资政府和社会资本合作项目有关事项的通知》(保监发〔2017〕41号)中的释义,"保险资金投资PPP项目,是指保险资产管理公司等专业管理机构作为受托人,发起设立基础设施投资计划,面向保险机构等合格投资者发行受益凭证募集资金,向与政府方签订PPP项目合同的项目公司提供融资,投资符合规定的PPP项目。"

保险资金因其自身的特点,参与PPP项目具有一定的天然优势。首先,PPP项目周期较长,普遍在10~30年,需要的资金规模较大,一般的金融机构要么存在期限错配的风险,要么无法提供足够的额度,而保险资金规模大、久期长,与PPP项目具有契合性,适合PPP项目投资,两者契合度高,而商业银行等其他金融机构在投资时则与PPP项目存在一定的期限错配风险。其次,保险资金对投资收益率要求不高,追求长期、稳定、低风险的固定回报。PPP项目多为地方大型基础设施或者公共项目,有政府作为合作方的信用支持,给予财政预算或财政支出安排,风险较低;同时,PPP项目具有动态调节机制,将回报率维持在一个合理的水平上，这些均与保险资金的投资需求相匹配。第三，PPP项目结构复杂，涉及投融资方面。建设、运营服务提供商虽然拥有丰富的项目建设、运营经验，但是在投融资方面相对缺乏相应能力和人才储备，保险机构通过债权投资计划等方式投资基础设施、不动产建设，积累了较为丰富的经验，培养了一批专业人才，双方开展合作，可以充分发挥保险机构的专业优势。第四，保险资金还有其保险特质，为PPP项目提供建筑工程险、企业财产险、意外险等保险品种，在一定程度上起到了防灾防损的作用。最后，相关政策对保险资金参与PPP项目建设也给予了必要的支持和鼓励。

从经济发展的角度，保险资金参与PPP项目，国家和地方政府可以获得推进基础设施建设开展城镇化运动的资金，推动建立现代财政预算体系，缓解财政压力，还能将一部分风险转移给社会资本；同时，通过发挥政府和社会资本各自的优势，还能够推进政府转变职能，提高政府的服务意识和契约意识，提高公共服务的水平和效率。从行业发展的角度，保险资金参与PPP项目建设，有利于保险行业响应和落实保险支持实体经济发展的战略号召，加大保险资金对基础设施建设和公共服务领域的支持力度，拓宽保险资金的投资渠道，提升保险行业的投资能力和水平，推进保险行业全面发展。对于保险机构来说，通过参与具体的PPP项目建设，可以为大量的资金寻求长期稳定的资产配置，获得相对低风险的稳定回报，打造企业在行业中的形象，可以维护和建立与地方政府的关系，为开展全方位的政企合作打好基础。

我国PPP项目的发展大致经历了五个阶段，即探索阶段（1984~1993年）、试点阶段（1994~2002年）、推广阶段（2003~2008年）、波动发展阶段（2009~2012年）以及普及阶段（2013年至今）。在各个发展阶段，由于当时所处的国内外经济环境与政策环境的不同，PPP项目的发展也呈现出不同的特征。整体而言，PPP项目所处的政策环境逐步改善，相关设计、实施、运营等环节越加成熟，发展趋势总体向好。保险机构参与PPP项目从角色定位上可以分为三类：一是以投资者的角色，通过投资获取投资收益；二是以保险从业者的角色，为PPP项目建设或运营提供风险管理产品；三是以综合服务商的角色，为PPP项目提供各类综合服务而获取收益。总体来看，当前保险资金参与PPP项目的方式和途径是比较多样的，但并没有一个最优的方式或途径，而是需要保险机构根据自身的实力、特点及风险偏好，选择适合的项目，并且采取与之相适应的参与方式。但是，无论采用哪种参与方式，项目的风险管理和退出机制都是保险资金必须提前考虑的重要方面，因为风险管理的完善性和退出机制的可行性将直接影响保险资金运用的效率和效果。

在风险方面，除一般项目的常见风险外，保险资金参与PPP项目有其特殊的风险特征。一是风险的阶段性。一个完整的PPP项目周期普遍经历多个阶段，初步可划分为项目设立期、建设期、经营期、移交期等阶段，甚至还可以划分为更为细致的阶段。由于各个阶段的目标和责任各有特点，因此面临的风险因素以及可能受影响的程度存在差异，故每个阶段面临的是不同风险的影响组合，这是与保险资金进行其他投资活动最主要的区别，亦对投资风险的整体管控提出了更高的要求。二是风险的复杂性。保险资金参与PPP项目投资的风险复杂性，主要表现为参与主体的复杂性和风险分担机制的复杂性上。投资过程中的任一风险因素，常常关系到政府和社会资本的多个参与主体，引致的损失也会由多方进行分担，又会涉及项目权利与义务的明确等问题。因此，在其保险资金投资的整个周期内，风险因素之间的关联比较复杂，存在风险因素交叉影响的可能性，导致出现更多层次的风险，这也是保险资金参与PPP项目投资面临的风险特征之一。三是风险的转换性。这一特征也是源于PPP项目的多阶段特征，随着不同阶段的变换，风险所置于的环境产生变化，并未在上一阶段被视作主要风险点的风险，可能会成为新阶段的主要风险，对保险机构风险关注焦点的灵活转换能力提出了更高的要求。

在退出方面，保险资金无论以债权、股权还是股债结合的方式为PPP项目提供融资，都会存在退出的需求，而其退出的动机主要来自于两个方面：一是保险资管机构对已实现的投资收益的满足，包括全部权益利益的获得及短期收益的实现；二是根据现实情况作出的投资调整，主要原因包括保险资管机构自身投资战略的转型，部分项目参与主体的履约能力与预期不符，项目公司运行不符合预期等。

基于此，中国保险资产管理业协会决定将《保险资金参与PPP项目：风险管理与退出机制》作为2017年IAMAC年度课题一个重要选题。这个选题也得到了协会会员单位的积极申报，北京市万商天勤律师事务所、福建江夏学院、鹏元资信评估有限公司、光大永明资产管理有限公司、联合信用评级有限公司五家机构同时申报了这个选题，并于2017年底提交了各自的研究成果。随后，协会组

保险资金参与 PPP 项目：风险管理与退出机制

织专家对课题成果进行了认真审核。这几家机构的报告质量普遍较高，顺利通过结题验收。为了更好地展现课题成果，同时指导保险机构参与 PPP 项目进行风险管理以及有序退出，协会决定将这五家机构的课题成果整理汇编成书进行出版，并委托鹏元资信评估有限公司协助协会完成初稿的整理和出版工作。

本书结合当前保险资金参与 PPP 项目的现实状况，着重探讨和分析保险资金参与 PPP 项目的风险管理和退出机制两方面的内容，并提出具有针对性的相关建议。本书主要由七章构成。

"第 1 章　保险资金参与 PPP 项目概述"，先后探讨了国内外资金的运用情况以及 PPP 模式的优势、风险与发展前景，进而分析了保险资金参与 PPP 项目的意义。保险资金参与 PPP 项目存在天然的契合点。保险资金参与 PPP 项目不仅对于保险机构，而且从国家的层面来讲也具有十分积极的现实意义。

"第 2 章　国外保险资金参与 PPP 项目的经验"，在概括性介绍国外保险资金进入 PPP 的范式后，着重分析了加拿大养老基金参与 PPP 项目的经验，以期为国内实践提供有益的借鉴。

"第 3 章　我国保险资金参与 PPP 项目的现状"，对我国 PPP 项目的发展历程进行了详细的梳理，既分析了我国 PPP 项目的发展特征，也分析了保险资金参与 PPP 项目的相关政策，进而阐述了我国保险资金参与 PPP 项目的具体方式和途径。

"第 4 章　我国保险资金参与 PPP 项目的风险管理"，首先对保险资金参与 PPP 项目的风险展开分析，具体包括风险特殊性、风险种类和阶段性风险分析。在风险管理对策方面，本章着重从 PPP 项目选择、合作伙伴选择、投资方式选择、增信方式选择、项目规模与集中度、风险控制体系等方面展开讨论。

"第 5 章　我国保险资金参与 PPP 项目的退出机制"，分析了保险资金退出 PPP 项目的路径与参与路径的关联性，同时分别讨论了保险资金到期退出和提前退出的具体途径，并深入阐述了当前保险资金退出 PPP 项目面临的问题，主要包括：政府约定回购存在政策风险；资产转让标准化程度低，转让渠道畅通性存在不确定性；专项债券收益率较低，难以调动一级市场和二级市场的积极性；政府方或社会资本方为 PPP 项目资产证券化提供增信的动力不足等。

"第 6 章　基于层次分析法的保险资金参与 PPP 项目决策研究"，为保险资金参与 PPP 项目的决策提供了一种新的方法。

"第 7 章 相关建议",针对监管层工作方面提出建议,主要包括:完善 PPP 法律及政策体系;完善 PPP 项目风险分担机制;设立市场化 PPP 交易平台;建立政府违约保险机制;完善相关信息披露机制以及充分发挥中介机构的作用。针对基础设施市场方面提出建议,主要包括:合理引入民营资本,实现良性循环;提高公共服务的市场化定价水平;保证基础设施 PPP 项目建设和运营的效率。针对保险资金投资方面提出建议,主要包括:审慎选择 PPP 项目和合作伙伴;选择合适的参与方式;控制投资的规模和比例;项目全生命周期风险管理;以及降低对 PPP 资产证券化增信措施的依赖等。

鹏元资信评估有限公司

2018 年 8 月 20 日

目录

第1章 保险资金参与PPP项目概述 1

1.1 国内外保险资金及其运用情况 3
1.1.1 国外保险资金及其运用情况 3
1.1.2 国内保险资金及其运用情况 10

1.2 PPP模式概述 12
1.2.1 PPP模式的内涵与特征 12
1.2.2 PPP模式的优势与风险 14
1.2.3 PPP模式的发展前景 16

1.3 保险资金参与PPP项目的意义 17
1.3.1 保险资金参与PPP项目存在天然契合点 18
1.3.2 参与PPP项目对保险资金运用具有深远意义 19
1.3.3 保险资金参与PPP项目对国家具有重要意义 20

第2章 国外保险资金参与PPP项目的经验 21

2.1 国外保险资金进入PPP范式初构 23
2.1.1 保险资金进入PPP领域相关因素 23
2.1.2 保险资金进入PPP项目范式 31

2.2 加拿大养老基金参与PPP项目经验 32
2.2.1 加拿大养老基金基本情况 33
2.2.2 养老资金进入PPP路线图分析 34

第3章 我国保险资金参与PPP项目的现状 41

3.1 我国PPP项目的发展概况 43

3.1.1　我国PPP项目的发展历程 …………………………………… 43

3.1.2　我国PPP项目的发展特征 …………………………………… 45

3.2　我国保险资金参与PPP项目的相关政策 ………………………………… 48

3.2.1　在投资方面的相关政策 ……………………………………… 48

3.2.2　在退出方面的相关政策 ……………………………………… 49

3.3　我国保险资金参与PPP项目的方式 ……………………………………… 52

3.3.1　保险机构参与PPP项目的方式 ……………………………… 52

3.3.2　保险机构投资PPP项目的途径 ……………………………… 53

第4章　我国保险资金参与PPP项目的风险管理 ……………………… 61

4.1　保险资金参与PPP项目的风险分析 ……………………………………… 63

4.1.1　保险资金参与PPP项目的风险特殊性 ……………………… 63

4.1.2　保险资金参与PPP项目的风险种类 ………………………… 74

4.1.3　保险资金参与PPP项目的阶段性风险分析 ………………… 92

4.2　保险资金参与PPP项目的风险管理 ……………………………………… 93

4.2.1　PPP项目选择 ………………………………………………… 93

4.2.2　合作伙伴选择 ………………………………………………… 95

4.2.3　投资方式选择 ………………………………………………… 96

4.2.4　与投资方式相匹配的增信方式选择 ………………………… 96

4.2.5　严格控制投资项目的规模和集中度 ………………………… 100

4.2.6　建立完善的PPP项目风险控制体系 ………………………… 101

第5章　我国保险资金参与PPP项目的退出机制 ……………………… 103

5.1　我国保险资金退出PPP项目的路径与参与路径的关联性 …………… 105

5.1.1　退出时点与参与时点的关联性 ……………………………… 105

5.1.2　退出方式与参与方式的关联性 ……………………………… 106

5.2　我国保险资金到期退出PPP项目的途径 ……………………………… 107

5.2.1　债权到期清偿 ………………………………………………… 107

5.2.2　股权注销或移交 ……………………………………………… 108

5.2.3　基金份额清算或移交 ………………………………………… 108

5.3 我国保险资金提前退出PPP项目的途径 ………………………… 109
　　5.3.1 我国保险资金以资产证券化方式实现退出 …………………… 109
　　5.3.2 我国保险资金提前退出PPP项目的其他途径 ………………… 112
5.4 当前保险资金退出PPP项目面临的主要问题 …………………… 114
　　5.4.1 政府约定回购存在政策风险 …………………………………… 114
　　5.4.2 资产转让标准化程度低，转让渠道畅通性
　　　　　存在不确定性 …………………………………………………… 114
　　5.4.3 专项债券收益率较低，难以调动一级市场
　　　　　和二级市场的积极性 …………………………………………… 115
　　5.4.4 政府方或社会资本方为PPP项目资产证券化
　　　　　提供增信的动力不足 …………………………………………… 115

第6章 基于层次分析法的保险资金参与PPP项目决策研究 …… 117

6.1 层次分析法和熵值法的基本原理 ………………………………… 119
　　6.1.1 层次分析法基本原理 …………………………………………… 119
　　6.1.2 熵值法基本原理和步骤 ………………………………………… 126
　　6.1.3 层次分析法与熵值综合赋权法 ………………………………… 129
6.2 层次分析法和熵值法的实证结果 ………………………………… 130
　　6.2.1 层次分析法实证过程 …………………………………………… 130
　　6.2.2 层次分析法实证结果 …………………………………………… 133
　　6.2.3 熵值法综合赋权结果 …………………………………………… 148
6.3 结论 ………………………………………………………………… 150

第7章 相关建议 ……………………………………………………… 153

7.1 针对监管层工作方面的建议 ……………………………………… 155
　　7.1.1 完善PPP法律及政策体系 ……………………………………… 155
　　7.1.2 完善PPP项目风险分担机制 …………………………………… 156
　　7.1.3 设立市场化PPP交易平台 ……………………………………… 157
　　7.1.4 建立政府违约保险机制 ………………………………………… 157
　　7.1.5 完善相关信息披露机制 ………………………………………… 158

7.1.6　充分发挥中介机构的作用 …………………………………… 159
7.2　针对基础设施市场方面的建议 …………………………………… 163
　　7.2.1　合理引入民营资本，实现良性循环 ………………………… 163
　　7.2.2　提高公共服务的市场化定价水平 …………………………… 163
　　7.2.3　保证基础设施PPP项目建设和运营的效率 ……………… 164
7.3　针对保险资金投资方面的建议 …………………………………… 164
　　7.3.1　审慎选择PPP项目和合作伙伴 …………………………… 164
　　7.3.2　选择合适的参与方式 ………………………………………… 166
　　7.3.3　控制投资的规模和比例 ……………………………………… 166
　　7.3.4　项目全生命周期风险管理 …………………………………… 166
　　7.3.5　降低对PPP资产证券化增信措施的依赖 ………………… 167

参考文献 ……………………………………………………………………… 168
后　　记 ……………………………………………………………………… 176

第 1 章
保险资金参与PPP项目概述

对于保险行业而言,保险资金的运用效率和运用效果对保险公司的生存与发展意义重大。本章首先对国内外保险资金运用情况进行分析,解析保险资金投资特点,然后简述PPP模式的优势、风险与发展前景,在此基础上,分析保险资金参与PPP项目的现实意义。

1.1 国内外保险资金及其运用情况

保险公司的承保业务以及资金运用是保险公司的两大主要支柱。本节重点解析保险资金的运用情况,通过分析国内外保险资金偏好的投资品种、投资期限、投资收益率等内容,总结和概括保险资金投资特点。

1.1.1 国外保险资金及其运用情况

(1) 美国

2008年金融危机以来,美国长期维持"低利率"政策,甚至一度实行"零利率"。美国的长期低利率水平导致保费收入的增速放缓,保费收入增速的放缓进一步导致保险资金总额增速放缓,进而也影响了保险资金的投资资产增速。

从保险资金的投资资产总额来看,2011年至2015年保险资金投资资产总额分别为47 024.39亿美元、47 926.52亿美元、49 662.68亿美元、51 636.11亿美元和52 329.15亿美元,呈逐年增长态势,年复合增长率为2.71%。分险种来看,2011年至2015年寿险和健康险投资资产总额逐年增长,年复合增长率为2.46%;2011年至2015年财产和意外灾害保险投资资产总额呈波动增长态势,年复合增长率为3.33%。可以看到,财产和意外灾害险的投资资产总额相对增速较快。

然而,从投资资产的净收益率来看,寿险和健康险的资产净收益率要明显高于财产和意外灾害险的资产净收益率。2011年至2015年,寿险和健康险投资资产的平均净收益率为4.87%,财产和意外灾害险的资产净收益率为3.55%,比寿险和健康险低1.32个百分点。另一方面,可以看到,不论是寿险和健康险还是财产和意外灾害险,近五年其投资资产的净收益率都呈下降趋势(见图1-1)。

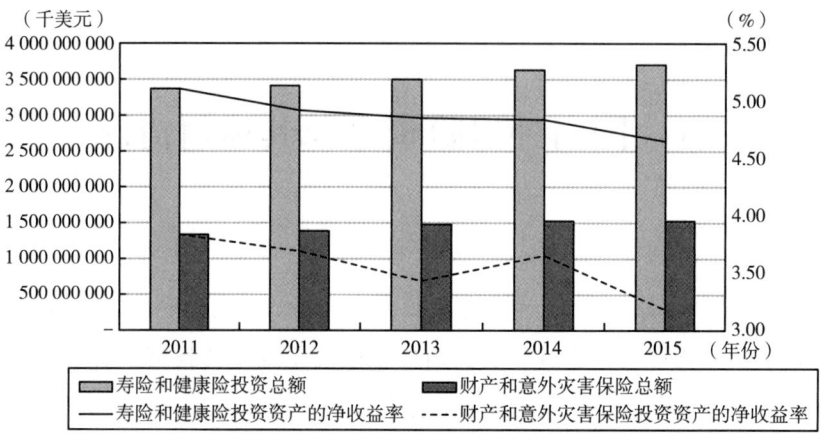

图 1-1 美国保险行业投资总额及投资资产净收益率

数据来源：Annual Report on the Insurance Industry 2016，课题组整理。

从险资投资品种来看，债券是险资配置的主要资产，无论是寿险和健康险还是财产和意外灾害保险，所投资的债券占比近几年均在 60% 以上，这反映了险资追求长期稳定的固定收益的诉求，也符合保险资产配置与资产负债久期相匹配的要求。除债券之外，险资也投资其他品种，但寿险和健康险与财产和意外灾害保险的侧重点有所不同。如表 1-1、表 1-2 所示，寿险和健康险主要投资抵押贷款（Mortgage Loans）、现金及短期投资等；财产和意外灾害保险主要投资普通股（Common Stocks）、现金及短期投资等。一方面，这反映了保险公司转向权益投资品种，追求相对更高收益的趋势；另一方面，由于投资品种不同，两个行业的投资净收益率也有所差异。

表 1-1　　美国寿险和健康险行业投资资产构成情况　　　（单位：%）

	2011 年	2012 年	2013 年	2014 年	2015 年
债券	75	75	75	74	74
优先股	0	0	0	0	0
普通股	2	2	2	2	2
抵押贷款	10	10	10	10	11
房地产	1	1	1	1	1
合同贷款	4	4	4	4	3
衍生品	1	1	1	1	1
现金及短期投资	3	3	3	3	3
其他投资品种	4	4	5	5	5
合计	100	100	100	100	100

数据来源：Annual Report on the Insurance Industry 2016，课题组整理。

表1-2　　美国财产和意外灾害保险行业投资资产构成情况　　（单位：%）

	2011年	2012年	2013年	2014年	2015年
债券	67	65	62	61	62
优先股	1	1	1	1	1
普通股	17	18	21	21	21
抵押贷款	10	10	10	10	11
房地产	1	1	1	1	1
合同贷款	1	1	1	1	1
衍生品	0	0	0	0	0
现金及短期投资	5	6	6	6	6
其他投资品种	8	8	8	9	8
合计	100	100	100	100	100

数据来源：Annual Report on the Insurance Industry 2016，课题组整理。

从投资期限而言，以寿险公司为例，美国寿险资产投资偏重于长期投资（见表1-3）。2016年，美国寿险资产中，10年期债券投资占比为37.10%，而1年以下期限债券投资仅为7.90%。在固定收益投资方面，美国寿险偏好中长期政府债券和企业债券，并且二者占比也逐年增长。

表1-3　　　　美国寿险不同期限险资资产占比情况　　　　（单位：%）

		1年以下	[1年，5年）	[5年，10年）	[10年，20年]	20年以上
政府债券	2012	13.50	18.80	18.30	23.20	26.30
	2013	9.90	17.50	19.10	25.40	28.00
	2014	8.50	17.90	19.00	25.80	28.70
	2015	10.20	19.10	18.20	24.80	27.70
	2016	11.20	20.00	18.10	24.60	26.30
企业债券	2012	9.30	28.60	32.60	11.30	18.20
	2013	8.00	27.60	34.30	11.80	18.30
	2014	8.80	26.10	34.30	12.30	18.50
	2015	7.70	26.20	34.40	13.00	18.70
	2016	6.90	26.30	34.00	13.80	19.00

续表

		1年以下	[1年, 5年)	[5年, 10年)	[10年, 20年]	20年以上
总计	2012	10.40	26.10	29.10	14.20	20.20
	2013	8.50	25.20	30.60	15.10	20.60
	2014	8.80	24.10	30.70	15.50	20.90
	2015	8.30	24.50	30.60	15.80	20.80
	2016	7.90	24.80	30.20	16.40	20.70

数据来源：ACLI（American Council of Life Insurance），课题组整理。

整体来看，2011年至2015年，美国保险资金的投资资产增速有所放缓，投资资产的净收益率呈下降趋势。债券是美国险资配置的主要资产，其次为投资抵押贷款、普通股、现金及短期投资等。从投资期限而言，美国寿险资产投资偏重于长期投资。

（2）英国

近年来，英国保险资产增速变动较大。受2008年全球金融危机以及2011年希腊次贷危机的影响，英国险资资产增速甚至一度出现负值，但2013年和2014年增速有所上涨，维持在7%左右的水平。同时，在增速方面与整体经济在一致性中又存在交互性，从2008年至2014年的情况来看，保险资产的变动基本上领先于整体经济一年。在经历了经济冲击及恢复之后，英国的长期险和财产险投资资产规模在2014年达到19 296.50亿英镑（见图1-2）。

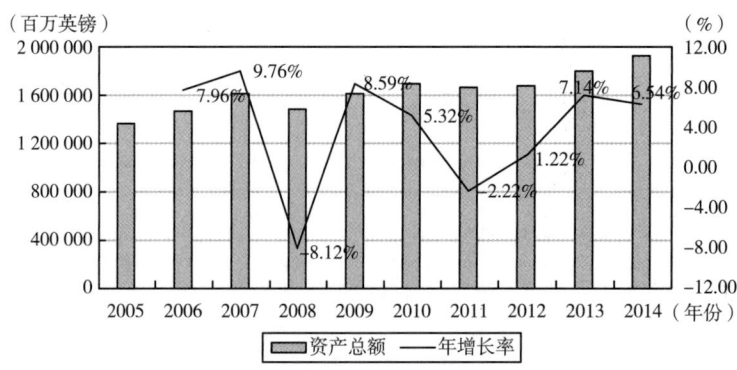

图1-2 英国保险行业资产总额及年增长率

数据来源：ABI（Association of British Insures），课题组整理。

从险资投资品种来看，英国保险投资资产主要投资于英国公共部门债券、海外公共部门债券、英国股权、海外股权、信托基金、房地产和现金等。其中，海外股权、英国股权、英国公共部门债券、信托基金占比较大，特别是股权类投资占比较高（见图1-3）。十年来，英国险资国内外股权投资占比维持在50%左右的水平上，其中海外股权投资占比30%左右。可以看到，股权投资是英国保险公司资金运用的第一大渠道，为英国保险公司带来了高收益回报，与此同时也不能忽视其带来的高风险。受益于较为宽松的监管环境、较为完善的金融市场，英国最大化地分散了投资风险，一定程度上保证了英国保险公司较为稳定的收益。

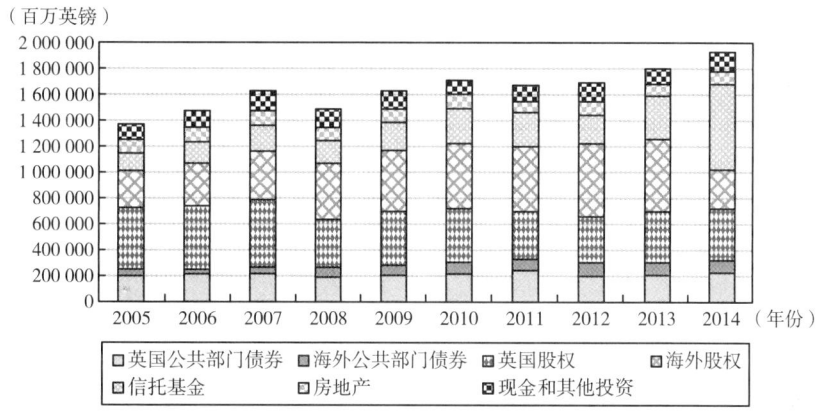

图1-3　英国寿险行业投资资产规模分类情况

数据来源：ABI，课题组整理。

整体来看，英国保险资金增速近两年有所提升，维持在6%附近。股权投资是英国保险公司资金运用的第一大渠道，高收益的同时也要注意其带来的高风险性。其次，债券投资和信托资金也是英国保险公司资金运用的主要渠道之一，在一定程度上维持了险资收益的稳定性与安全性。

（3）日本

近年来，日本寿险行业资产规模远远超过财险行业，保险行业资产增速变动较大（如图1-4）。自2008年全球经济危机以来，日本财险行业资产增长率受较大影响，较之前大幅下滑，甚至一度为负，2012~2016年有所改善，2016年财险资产增长率为2.29%。相较为财险行业，日本寿险行业资产增速在2008年迅猛增长，高达45.73%，之后一直维持在2%~4%左右的增速。2008年寿险资产大幅增长的主要原因是科学技术的革新推动了日本寿险业的发展。各种电子交易活动渗透到保险产品的开发、销售、消费以及客服等各个环节，网络寿险公司等新兴经营模式进入寿险市场，促进 2008 年日本寿险保费急剧增长，由此引发寿险资产大幅增长。

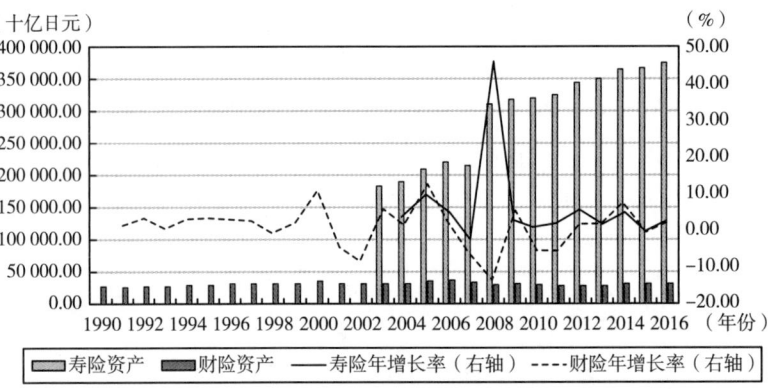

图 1-4　日本保险行业资产总额及年增长率

数据来源：Wind，课题组整理。

从险资投资品种来看，日本保险资产主要投资于银行存款、短期同业拆借、货币信托、有价债券、贷款、房地产等。无论是财险还是寿险资产，二者资产配置均以有价证券为主，近十年来有价证券配置占比均在 80% 左右。

在日本财险公司有价证券的资产配置中，国债和外国证券占比有所提升（国债占比从 2006 年 16.08% 增长至 2016 年的 23.22%，外国债券占比从 2006 年 18.01% 增长至 2016 年的 35.13%），股票占比大幅下降（从 2006 年 45.71% 跌至 2016 年的 30.61%），这显示了日本财险公司追求资产配置多样性与稳健性并存的趋势（见图 1-5）。

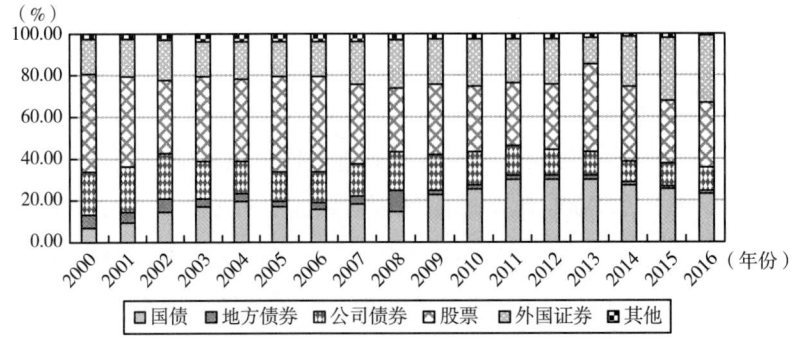

图 1-5　日本财险不同类型有价证券资产配置占比情况

数据来源：Wind，课题组整理。

然而，在日本寿险有价证券的资产配置中，投资策略趋向更保守化。如图1-6所示，国债的资产配置占比50%左右，股票占比大幅减少，从2006年的19.96%缩减为2016年的6.95%。这表明日本的寿险公司资产配置以保持稳健性为首要目的，倾向于配置低风险的国债，注重与寿险公司资产负债久期的匹配。

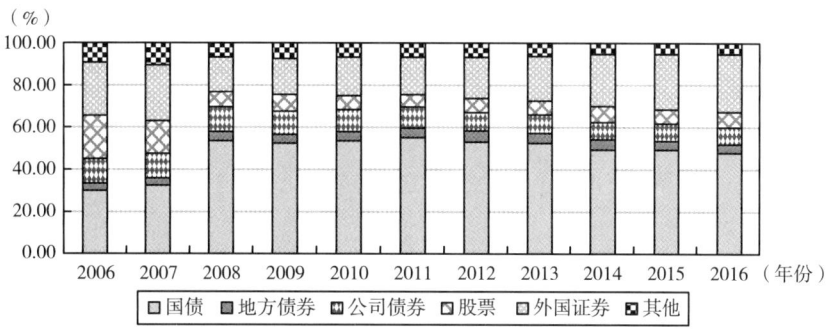

图1-6　日本寿险不同类型有价证券资产配置占比情况

数据来源：Wind，课题组整理。

日本寿险公司比较重视维持资产投资收益的稳健性。从表1-4可以看出，国内股票投资收益波动性较大，所以寿险公司减少了股票的资产配置规模，而债券收益率低且较为稳定，仍占据险资投资的半壁江山，这反映出了日本保险行业对于资产配置保守、稳健的风格。

表1-4　　　　　日本寿险不同类型资产配置平均收益率　　　　（单位：%）

指标名称	债券	国内股票	外国证券	贷款	房地产
2004	1.56	3.77	3.03	—	—
2005	1.53	4.71	3.96	—	—
2006	1.42	5.40	4.03	2.06	2.86
2007	1.77	3.26	2.18	2.13	3.12
2008	1.72	-4.35	-3.00	2.34	3.22
2009	1.64	2.33	2.52	2.23	2.87
2010	1.86	1.25	2.06	2.17	2.52
2011	1.91	1.56	2.91	1.94	2.27
2012	2.00	0.61	5.25	2.18	2.35
2013	1.95	5.14	4.60	2.15	2.43
2014	1.88	5.31	5.50	2.28	2.50
2015	1.75	5.17	2.24	1.70	2.62
2016	1.84	5.83	2.31	1.83	2.80

数据来源：Wind，课题组整理。

从投资收益率来看，日本寿险资产收益率较低，近年来，投资收益率维持在1.8%~2.6%的低水平。2016年，日本寿险行业投资收益率为1.96%，与2015年基本持平（2015年为1.92%）。

整体来看，近几年日本保险行业资产增速变动较大。日本保险资产主要投资于有价证券，寿险更倾向于国债，财险更倾向于外国债券和股票。日本保险资产投资收益率维持在1.8%~2.6%的低水平。

1.1.2 国内保险资金及其运用情况

近年来，我国保险资金的运用渠道不断拓宽。根据原中国保监会于2014年5月发布的《关于修改〈保险资金运用管理暂行办法〉的决定》，保险资金运用限于下列形式：银行存款；买卖债券、股票、证券投资基金份额等有价证券；投资不动产；国务院规定的其他资金运用形式。保险公司可以借助资本市场投资工具对资金进行管理，提高资金收益。

随着经济的发展和国民保险意识的提高，在我国保费收入提升的同时，保险资金运用余额也在提高。如图1-7所示，自2004年至2016年末，我国保险公司的资金运用余额呈逐年增长态势，年均增长率为23.36%；截至2016年底，保险行业资产总额达到15.12万亿元，较2004年增长超10倍。按照《国务院关于加快发展现代保险服务业的若干意见》（简称"新国十条"）确定的目标，预计

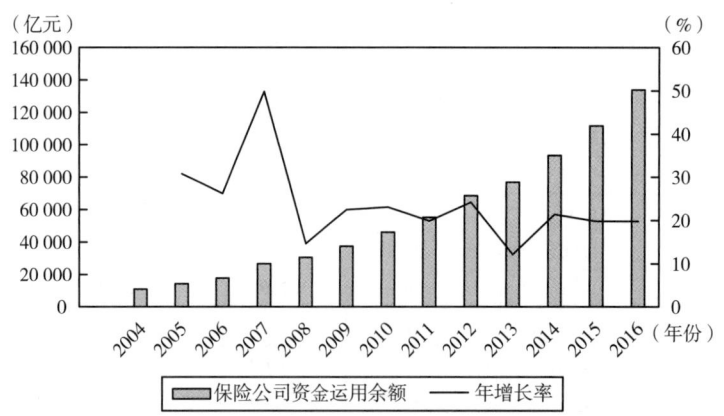

图1-7 2004~2016年保险资金运用余额

数据来源：国家统计局，课题组整理。

第 1 章
保险资金参与 PPP 项目概述

2020 年保险资金可运用规模将超过 20 万亿元。资金可运用余额的平稳快速增长，一方面体现了承保端业务的规模不断扩大，丰富了资金来源的方式和体量；另一方面，资金的保值增值要求也给投资端带来了新的机遇和挑战，保险公司总体上一直跟随着原中国保监会的监管政策，加上自身经营上的前瞻性和创新性，不断拓宽投资范围，结合市场形势调整配置资产的比例。从图 1-7 保险资金运用余额的变化情况来看，2007 年增长率冲高之后，2008 年快速下滑，此后的几年时间在一个稳定的区间内波动，2016 年增长率为 19.78%。

根据中国银保监会最新统计口径，保险资金主要运用于投资银行存款、债券、股票和证券投资基金以及其他共计投资四个方向（保险资金主要投资于银行存款、债券、股票、证券投资基金以及其他共计五个投资方向）。如图 1-8 所示，由 2013 年至 2016 年的数据可以看出，保险资金放置在银行存款的比重明显下降，年均降幅 15.13%，投资于债券的比重同样连年下降，年均降幅 8.14%。随着央行屡次降息以及利率市场化的大势所趋，银行存款利息与债券利率持续下行，无法满足保险资金负债端的高收益率要求，因而出现资金运用于存款和债券投资的比例下降的局面；而投资于股权和证券基金及其他投资的比重均逐年增长，年均增长率分别为 12.12% 和 26.15%。可见，保险资金配置越来越青睐于风险和收益均适度提高的偏权益类资产投资，其他投资的增长也表明保险公司对新型资金运用领域的探索和尝试。2016 年，保险行业资金运用余额 133 910.67 亿元。其中，银行存款 24 844.21 亿元，占比 18.55%；债券 43 050.33 亿元，占

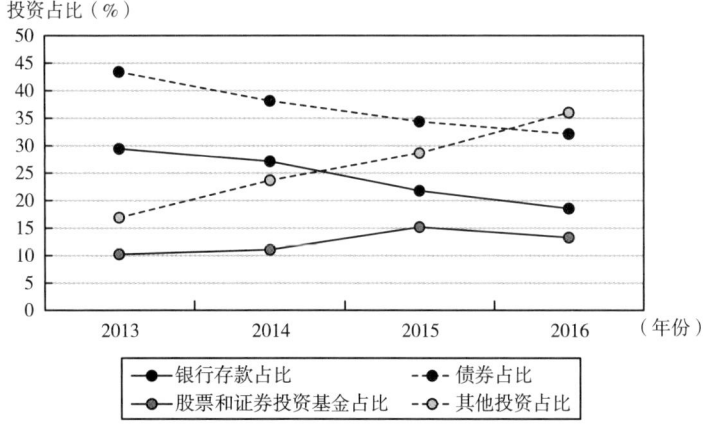

图 1-8 2013~2016 年保险资金投资占比情况

数据来源：中国银保监会，课题组整理。

比 32.15%；股票和证券投资基金 17 788.05 亿元，占比 13.28%；其他投资 48 228.08 亿元，占比 36.02%。目前，保险资金投资渠道逐步开放并多元化，加快重点领域保险业务发展，保险的经济助推器和社会稳定器作用日益凸显。

从保险资金投资收益来看，2011~2016 年，保险资金投资收益呈波动增长态势，年复合增长率为 9.47%。2016 年保险资金投资收益率为 5.66%，较上年下降 2 个百分点，主要是由于资本市场的波动以及保险成本的上升所致（见图 1-9）。对于未来的经营，保险资金运用仍面临低利率、资金错配等多重风险。

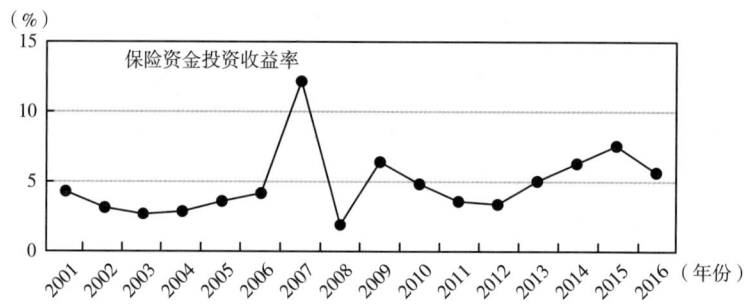

图 1-9　2001~2016 年保险资金投资收益率情况

注：投资收益围绕着 5% 上下波动。

数据来源：中国银保监会，课题组整理。

整体而言，近几年我国保险资金运用余额和保险总资产规模有所提高。在险资投资品种上，银行存款与债券投资比例下降，另类投资占比上升。险资投资收益率近五年呈现波动增长态势。

1.2　PPP 模式概述

1.2.1　PPP 模式的内涵与特征

（1）PPP 模式的内涵

PPP（Public-Private Partnership）模式，即政府部门与私营部门合作来提供公共产品和服务的模式，在我国多指政府与社会资本合作来参与公共基础设施建设的模式。2017年7月，国务院法制办向社会公开征求意见的《基础设施和公共服务领域政府和社会资本合作条例（征求意见稿）》（以下简称《PPP条例（征求意见稿）》），对PPP定义如下："指政府采用竞争性方式选择社会资本方，双方订立协议明确各自的权利和义务，由社会资本方负责基础设施和公共服务项目的投资、建设、运营，并通过使用者付费、政府付费、政府提供补助等方式获得合理收益的活动。"

现在通行的PPP模式，起始于20世纪70年代的英国，主要目的是为了解决公共建设领域资金不足的问题。英国等西方发达国家开始尝试在公共领域引入私营资本参与建设和运营后，一些中等发达国家和发展中国家相继效仿。我国第一个采用现代意义上PPP模式的项目是1985年以BOT模式开工建设的沙角B电厂。目前，PPP模式已逐渐成为基础设施和公共服务领域的主要运作模式之一。

从政府的角度，PPP模式可以解决政府提供公共产品与资金短缺之间的矛盾。政府需要开展基础设施建设，提供公共服务，但是一时无法投入大量的资金，通过引入社会资本，可以从某种程度上解决这一矛盾；其次，从社会资本的角度，PPP模式拓宽了社会资本参与基础设施建设和参与公共服务的渠道，提升社会资本参与投资的积极性；再次，从整个社会的角度，政府在公共项目领域引入社会资本，通过发挥各自的比较优势，可以提高项目建设、运营效率，改善公共服务和产品质量。相对于优点，PPP模式亦存在一些问题，诸如：复杂的交易结构增加了政府与社会资本协调的成本，影响效率；合作期限过长导致风险较大，社会资本融资成本相对较高等问题。

（2）PPP模式的特征

PPP模式有三大特征：伙伴关系、利益共享、风险共担。当前，PPP模式作为社会资源配置、政府体制机制改革、社会资本参与基础设施建设和公共服务项目的一种新模式，虽然各个国家、机构对PPP的定义不尽相同，PPP模式存在的形式也多种多样，但PPP模式的特征基本可以概括为三方面：利益共享、风险共担和伙伴关系。

国家发展和改革委员会《关于开展政府和社会资本合作的指导意见》（发改投资〔2014〕2724号）中提出"政府和社会资本合作（PPP）模式是指政

府……通过……等方式，与社会资本建立的利益共享、风险分担及长期合作关系。"

伙伴关系指的是政府部门和私营部门在 PPP 项目中的合作关系。伙伴关系是 PPP 模式最核心的特征，意味着各方参与主体具有平等的法律地位，有着一致的目标，即希望能够以更少的投入，尽可能提供更多更好的产品和服务，为此，在合作过程中需要互相尊重、互相信任、平等协商、互惠互利。两者目标一致，相互合作，优势互补，政府部门发挥自己优势实现社会福利的提高等目标，私营部门灵活发挥自身优势获得收益，在此基础上合作共赢，促成 PPP 项目的实施。

利益共享和风险共担是指政府部门和社会资本整合自身优势，并根据所承担的风险来合理分配收益。利益共享是 PPP 模式可持续发展的基础。虽然 PPP 模式各参与方有着共同的目标，但是各自也有不同的利益诉求，如果单独满足政府或者社会资本某一方的利益，则合作将失去基础，为此，需要在各种利益需求中寻求平衡，既满足政府开展基础设施建设与提供公共服务的需要，也要保证社会资本获取长期稳定的合理回报。政府部门可以在 PPP 项目中提供稳定的运营环境及适度的保护政策，私营部门可以充分发挥自身的资金、技术、运营管理经验等促成项目的良好运营，二者共享项目收益。

风险分担是 PPP 模式顺利实施的保障。任何项目都存在风险，但是与一般合作最大的不同是，一般合作双方都会尽可能降低自己需承担的风险，而 PPP 模式下，基于共同目标的伙伴关系以及利益共享的基础，双方会承担自己最有能力抵抗的风险，按照一定的原则将风险在参与方之间合理分担，而不是追求一方承担较低风险或简单的划分风险。政府部门在实现公共福利社会保障的基础上，应保障项目的正常运营，在此过程中，可能需要提供相应的补贴，社会资本也要承担项目施工建设、资金链、运营管理等风险，双方风险共担，合理分配收益。

1.2.2 PPP 模式的优势与风险

（1）PPP 模式的优势

PPP 模式可以使政府部门和社会资本发挥自身优势，即把政府部门的规划方针、组织协调能力、社会责任等与社会资本的资金优势、运营管理能力结合在一起。PPP模式可以扩大投资主体，增加资金来源。传统的基础设施建设主要靠政府的财政支出，对于政府部门的财政预算和债务负担能力要求较高。PPP模式引入私营部门，让更多的社会资本来参与到项目中，减少了政府在初期筹集资金的压力，也提高了预算可控性，对项目的顺利运行起到了关键作用。

具体而言，PPP模式的优点有以下几点：

第一，PPP模式可以使政府和私营部门优势互补。政府的公信力以及私营部门资金、运营实力相结合，互利互惠，从而有效地为公众提供高质量的基础设施建设服务等公众服务。

第二，PPP模式可以提高项目风险合理分配。相较于传统项目私营部门承担全部风险，PPP模式中政府部门的信用背书为私营机构提供了长期的、风险相对较低的现金流和相对稳定的投资机会。另一方面，对于政府部门独立运行项目而言，私营部门也为政府提供了更加成熟的项目运作经验等，有助于基础设施项目稳健运行。PPP模式使得风险分配更加合理，提高了项目成功的可能性。

第三，PPP模式为公共基础设施建设项目扩展了新方法。一直以来，私营部门想要参与公共基础设施建设项目困难重重，该模式突破了这一困局，为城市供热、铁路、学校、机场、医院等公共基础设施建设或相关公共服务项目提供了新思路。

（2）PPP模式的风险

虽然PPP模式有众多优势，但在运作过程中也会存在一些风险：PPP模式或将导致经营垄断、复杂的交易结构可能使效率降低、较长的期限使得项目灵活度降低等。

第一，PPP模式或将导致经营垄断。PPP模式下的合同通常期限比较长、规模大，引发投标成本、交易费用也非常高，这就导致一些综合实力较小的私营机构无法参与到PPP项目中，进而减少了政府对私营机构的选择空间，私营机构之间的招投标竞争也相应减少很多。另一方面，政府在PPP模式中也会有一定的垄断性，加上PPP模式的特许经营权，使得参与方在一定程度上获得了垄断保护。

第二，复杂的交易结构可能使效率降低。首先，PPP模式参与方众多，沟通协调成本将会比一般项目增加很多。其次，由于参与方众多，沟通及人工等成本也将会增加，从而使得在收益机制的设置上要考虑到各方利益，更加耗时。最后，由于交易机构的复杂性和各个项目的特殊性，就对各个参与方的专业性要求非常高，在相关条款、法律意见、交易结构上都要各方沟通，仔细斟酌，不能直接照搬国外经验和之前的项目经验，要对现有项目进行仔细了解，提出针对项目的可行性方案。这个过程将会使得PPP模式的效率低于一般的项目。

第三，较长的期限使得项目灵活度降低。PPP项目的期限一般较长，公共部门和私营部门在设计条款和结构之处，很难把全部的风险以及未来的变化情况充分考虑进去，但是为了项目的稳健运行，又必须签订严格的合同条款，这样就使得未来一旦发生相关变化，都要按之前签订好的合同运行，降低了项目的灵活度。为了兼具灵活性和合理性，一方面需要政府部门和私营部门项目经验充分、专业；另一方面，也要咨询律师，在可行的条件下，保留合同某些条款的灵活性。

1.2.3　PPP模式的发展前景

PPP在我国曾经有过三次发展热潮。第一次是自20世纪80年代至2000年初，以中外合资BOT、TOT形式为代表的电厂、公路等基础设施项目为主。第二次是21世纪初至2008年前后，以民营企业为代表的一批社会资本进入供水等市政行业为主。随着"四万亿"刺激经济拉动投资和消费政策的出台，地方政府资金充裕，第二次热潮逐渐消退。第三次是2014年以来，在财政部、国家发展和改革委员会等部委的大力推动下，随着地方债务压力的增大，预算管理日益严格，地方融资平台受限，土地财政难以为继，PPP模式作为可以吸引社会资本、缓解地方政府财政压力、继续开展基础设施和公共项目建设、促进公共服务领域改革的模式，再次受到政府和企业新一轮的关注和重视。

从中央到地方，陆续出台了一系列PPP相关政策法规。中央文件以鼓励开展基础设施建设和公共服务领域机制创新、鼓励社会资本投资，进行全面的政策指导为主。部委层级，财政部、国家发展和改革委员会作为主要管理部门从各自角度相继出台了众多PPP相关文件。财政部文件以框架指导性规定为主，侧重项目试点的推广、财政资金的运用监管等方面。国家发展和改革委员会的文件，更加注重具体项目实施过程中的细节性规定，提出了开展PPP项目的一些具体规定和措施。其他如住建部、交通部等部委也从各自行业管理的角度，出台了一些规范PPP模式的文件。

经过数年的快速发展，PPP投资已经达到相当规模。财政部网站公布，PPP入库存量项目总投资超过17万亿元，数量万余个。为此，财政部2017年11月16日发布《关于规范政府和社会资本合作（PPP）综合信息平台项目库管理的通知》（财办金〔2017〕92号），严格入库标准，将动态管理常态化，清理、清退不合规项目。与此同时，相关部门一直积极推动统一规范的PPP立法工作，以解决不同文件彼此之间出现交叉重复甚至矛盾，以及部分规定与其他现行法律法规不一致的问题。2017年7月，《基础设施和公共服务领域政府和社会资本合作条例（征求意见稿）》正式面向社会征求意见。

从长期来看，PPP模式的发展前景非常广阔。首先，PPP已上升到党的执政纲领和国家战略。PPP是国家提升综合治理能力，推进新型城镇化建设等的重要抓手，国务院、国家发展和改革委员会等相关部门从政策法规、融资支持等方面予以PPP模式直接的指引和扶持。其次，PPP模式扩充了部分城镇化资金的需求问题。城镇化所需求的资金非常庞大，PPP项目的长期性可以不断为城镇化提供所需要的资金，这是传统融资项目没有的优势。此外，PPP模式也为地方政府融资平台的转型提供了一个很好的方向。最后，PPP模式优势明显。PPP模式可以使政府部门和社会资本发挥自身优势，互利互惠，有效地为公众提供高质量的基础设施建设服务等公众服务。整体来看，PPP在应对资金缺口、减轻政府债务负担等方面，发展空间十分巨大。

1.3 保险资金参与PPP项目的意义

经过多年的发展，我国保险资金投资经历了从无到有、从小到大、从弱到强的发展历程。"1995年《保险法》颁布实施后，保险资金运用的混乱局面从根本上得以扭转。2003年以来，保险资金运用开始逐步走上集中化、专业化、规范化的良性发展轨道。"基础设施投资因其规模大、时间长、收益稳定一直受到保险资金的青睐，但是在 PPP 投资领域，因为缺乏明确的规定，加之 PPP 股权投资的性质，保险机构对于 PPP 项目仍然持有比较谨慎的态度。2016 年 7 月，原中国保监会修订实施的《保险资金间接投资基础设施项目管理办法》，明确保险机构可以"采取股权、政府和社会资本合作模式投资基础设施"，同时要求"应当选择收费定价机制透明、具有预期稳定现金流或者具有明确退出安排的项目"，对保险机构投资 PPP 项目起到了促进作用。根据 2017 年 5 月 5 日原中国保监会《关于保险资金投资政府和社会资本合作项目有关事项的通知》（保监发〔2017〕41 号）中的释义，"保险资金投资 PPP 项目，是指保险资产管理公司等专业管理机构作为受托人，发起设立基础设施投资计划，面向保险机构等合格投资者发行受益凭证募集资金，向与政府方签订 PPP 项目合同的项目公司提供融资，投资符合规定的 PPP 项目。"

1.3.1　保险资金参与 PPP 项目存在天然契合点

保险资金因其自身的特点，参与 PPP 项目具有一定的天然优势。首先，PPP 项目周期较长，普遍在 10～30 年，需要的资金规模较大，一般的金融机构要么存在期限错配的风险，要么无法提供足够的额度，而保险资金规模大、久期长，与 PPP 项目具有契合性，适合 PPP 项目投资，两者契合度高，而商业银行等其他金融机构在投资时则与 PPP 项目存在一定的期限错配风险。其次，保险资金对投资收益率要求不高，追求长期、稳定、低风险的固定回报，PPP 项目多为地方大型基础设施或者公共项目，有政府作为合作方的信用支持，给予财政预算或财政支出安排，风险较低；同时，PPP 项目具有动态调节机制，将回报率维持在一个合理的水平，这些均与保险资金的投资需求相匹配。第三，PPP 项目结构复杂，涉及投融资方面，建设、运营服务提供商虽然拥有丰富的项目建设、运营经验，但是在投融资方面相对缺乏相应能力和人才储备，保险机构通过债权投资计划等方式投资基础设施、不动产建设，积累了较为丰富的经验，培养了一批专业人才，双方开展合作，可以充分发挥保险机构的专业优势。第四，保险资金还有其保险特质，为 PPP 项目提供建筑工程险、企业财产险、意外险等保险品种，在一定程度上起到了防灾防损的作用。最后，相关政策对保险资金参与 PPP 项目建设给予支持和鼓励。《中共中央国务院关于深化投融资体制改革的意见》(中发〔2016〕18号)提出了鼓励包括保险资金在内的相关金融资本在依法合规、风险可控等前提下,通过包括股权在内等方式参与基础设施、重大民生工程、新型城镇化等领域的项目建设;《国务院关于创新重点领域投融资机制鼓励社会投资的指导意见》(国发〔2014〕60号)提出引导保险资金等用于收益稳定、回收期长的基础设施和基础产业项目,国家发展和改革委员会、财政部相关文件中也提出了支持鼓励保险资金参与PPP项目。2016年原中国保监会《保险资金间接投资基础设施项目管理办法》进一步明确了相关规定。

1.3.2 参与PPP项目对保险资金运用具有深远意义

随着保险资金的快速增长,保险资金的投资收益呈下降趋势。保险资金迫切需要寻找合理的长期投资渠道。PPP项目往往都是关系国计民生的重大项目,具有强大的技术支持和稳定的偿付机制,为保险资金提供了良好的长期投资标的。PPP项目公司发行的相关固定收益产品能很好地满足保险资金的安全性和收益性要求,有效提高保险资金的运营效率。另外,考虑到当前经济增速放缓,"资金荒"与"资产荒"并存,国家严格限制地方政府举债的背景下,政府要进一步发展经济,改善民生,企业要进一步做大做强,保险资金参与PPP建设前景广阔,不论是对国家经济发展、地方经济发展、保险行业发展,还是保险机构自身发展都具有非常重要的现实意义。保险机构应该充分发挥自身优势,积极研究和探索参与PPP的方式和渠道。首先,从经济发展的角度,保险资金参与PPP项目,国家和地方政府可以获得推进基础设施建设开展城镇化运动的资金,推动建立现代财政预算体系,缓解财政压力,还能将一部分风险转移给社会资本;同时,通过发挥政府和社会资本各自的优势,能够推进政府转变职能,提高政府的服务意识和契约意识,提高公共服务的水平和效率。其次,从行业发展的角度,保险资金参与PPP项目建设,有利于保险行业响应和落实保险支持实体经济发展的战略号召,加大保险资金对基础设施建设和公共服务领域的支持力度,拓宽保险资金的投资渠道,提升保险行业的投资能力和水平,推进保险行业全面发展;再次,对于保险机构来说,通过参与具体的PPP项目建设,可以为大量的资金寻求长期稳定的资产配置，获得相对低风险的稳定回报，打造企业在行业中的形象，可以维护和建立与地方政府的关系，为开展全方位的政企合作打好基础。

1.3.3 保险资金参与PPP项目对国家具有重要意义

保险资金参与PPP项目是保险资金服务实体经济的重要途径，符合国家"脱虚向实"的金融战略。PPP项目是重要的基础设施项目和民生工程，关系到国家的经济发展和人民的生活质量。PPP项目对长期资金的需求尤为迫切。大量保险资金参与PPP项目，将为PPP项目提供长期稳定的资金，有效缓解PPP项目的资金瓶颈，实实在在地支持了国家基础设施建设，为实体经济做出重要的贡献。

第 2 章
国外保险资金参与PPP项目的经验

国外保险资金不断加大在政府债券、基础设施领域的投资力度。一方面，保险资金追求较低风险、较低收益以及较长期限的投资项目；另一方面，保险资金受全球低利率水平转高预期的影响，收益压力的增大。但目前，保险基金投资于PPP项目的实践经验相对较少，这主要是受监管、专业水平、法律规则等因素影响。为此，本章从保险资金作为利益相关者视角出发，综合国外关于PPP发展领域的实践经验，初步构建保险资金进入PPP领域的范式。

国外保险资金进入PPP领域的实践经验具有一定的参考价值。尤其是国外保险资金在PPP领域进行了一系列实践，其创新性不仅基于PPP实践经验和研究成果，也在于吸取这些经验后形成符合保险资金实际情况的具有一定先进性的一系列经验成果。这些经验尽管不一定符合国内的实际情况，但仍值得国内进行批判性借鉴。中国保险资产管理业协会和清华大学政府和社会资本合作研究中心编著的《保险资金参与PPP实践研究》指出，加拿大的养老金计划投资基础设施的情况很具有参考价值，其中，投资于基础设施的比例在7%~8%，目前的投资比例达到20%，并通过成立投资委员会，以确定的收益形式投资私募基金、基础设施等领域①。但其并没有进一步阐释加拿大养老基金进入PPP领域的实践经验，为此这里将结合Siemiatycki（2015）的研究成果进行重点论述。

---

① 中国保险资产管理业协会、清华大学政府和社会资本合作研究中心：《保险资金参与PPP实践研究》，中国金融出版社2017年版，第63页。

2.1 国外保险资金进入 PPP 范式初构

保险资金进入 PPP 市场多数作为利益相关人,与一般的私营部门开展 PPP 项目模式具有一定的相似性,也存在本行业的特殊性。从目前的研究来看,保险资金进入 PPP 的研究还相对缺乏,这与保险资金投资 PPP 项目受到诸多约束有关,尤其是如何从更全面的视角看待保险资金进入 PPP 项目。一方面,从国外的文献资料入手,如影响保险资金进入 PPP 领域的相关因素入手,开展经验研究;另一方面,通过对国外经验分析,进一步构建国外保险资金进入 PPP 项目的范式。从研究结果来看,国外保险资金进入 PPP 领域的实践具有一定的参考价值,但结合我国实际情况才能有效发挥其借鉴意义。

2.1.1 保险资金进入 PPP 领域相关因素

(1) 国外 PPP 利益相关者研究

利益相关者管理是 PPP 项目成功的重要因素。保险公司作为投资人或者保险服务的提供者,都在一定程度上成为利益相关者角色。Schepper et al.(2014)通过对四个 PPP 项目案例的研究后发现,PPP 中利益相关者所面临的外部环境更加复杂,如传统投标模式与 PPP 模式的不同,尤其是利益相关者结构和变化因素影响(见表 2-1),增加了公共部门发起方与私人部门的矛盾。如何平衡利益相关方的冲突成为解决问题的关键。他们提出,解决 PPP 项目中利益相关人角色矛盾冲突的关键是采用动态利益相关者管理工具,进一步确认利益相关者分担的责任与权力。

Chou et al.(2015)认为,对于改进 PPP 利益相关者来说,通过一定的范式解决更为有效。他基于 PPP 利益相关者关系,提出了改进 PPP 利益相关者管理的战略治理准则，界定程序和内容，从确定利益相关者到评估业绩完成一个周期，再通过调整和定制进行矛盾的调和（见图2-1）。

表2-1　　　　　利益相关者参与传统投标与PPP的比较

	传统投标		公私合作公司	
	公共发起人	私人承包商	公共发起人	私人财团
规范利益相关者	承包商 投资者 用户	公共发起人 分包商	私人财团 用户 当地社区 投资者	公共发起人 分包商 用户 投资者
衍生利益相关者	当地社区 分包商	投资者 当地社区用户	分包商	当地社区

资料来源：Schepper et al. (2014)。

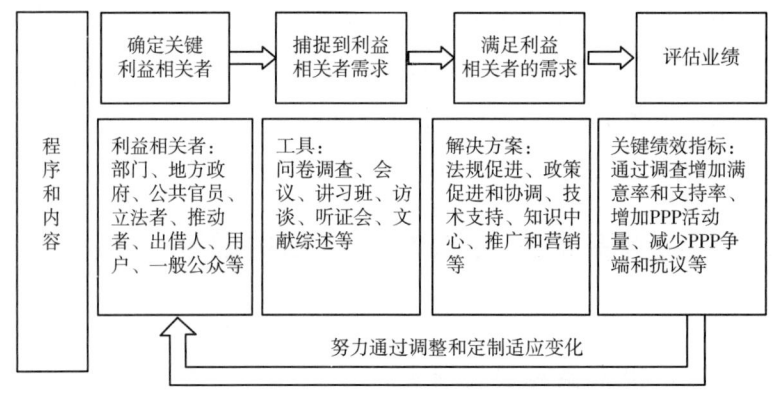

图2-1　改进PPP利益相关者管理的战略治理准则

资料来源：Chou et al. (2015)。

（2）经纪人组织助力PPP项目开展

保险资金进入PPP市场，存在一定的不足之处。一方面是自身是否有足够实力的专业团队具备完成对PPP项目进行尽职调查的专业素养，面对众多行业的PPP项目，这显然要增加交易成本；另一方面是提升项目匹配水平，需要不同的策略进行应对（见表2-2），保险公司需要更为专业的团队解决信息不对称问题。这些不足之处在深度和广度上限制了保险资金进入PPP领域的效率。

表 2-2　　不同层次相匹配最相关的策略列表

策　略	水　平
①将经济现实适用于环境现实的限制	流域/区域
②适应发展方向的范式	流域/区域
③适应的制度文化	城市水平
④适应新客户和私人行为者	城市水平
⑤发展小额保险	城市水平
⑥发展应急金额（小额信贷、交叉补贴）	城市水平
⑦获得服务改善机会和经济安全	个人层面

资料来源：Johannessen，et al.（2014）。

经纪人组织日益促进合作过程中 PPP 项目的发展。经纪人组织功能超越了简单的匹配作用，而在合作伙伴之间承担着构建合作伙伴关系以及贯穿整个 PPP 周期的作用。Chou et al.（2015）通过对 19 家经纪机构的研究表明，这些组织在整个合作期间承担召集人、调解人，学习的催化剂三种角色（见图 2-2）。经纪人组织在整个合作过程中维护了 PPP 项目各方的利益，并有助于 PPP 合同的执行。

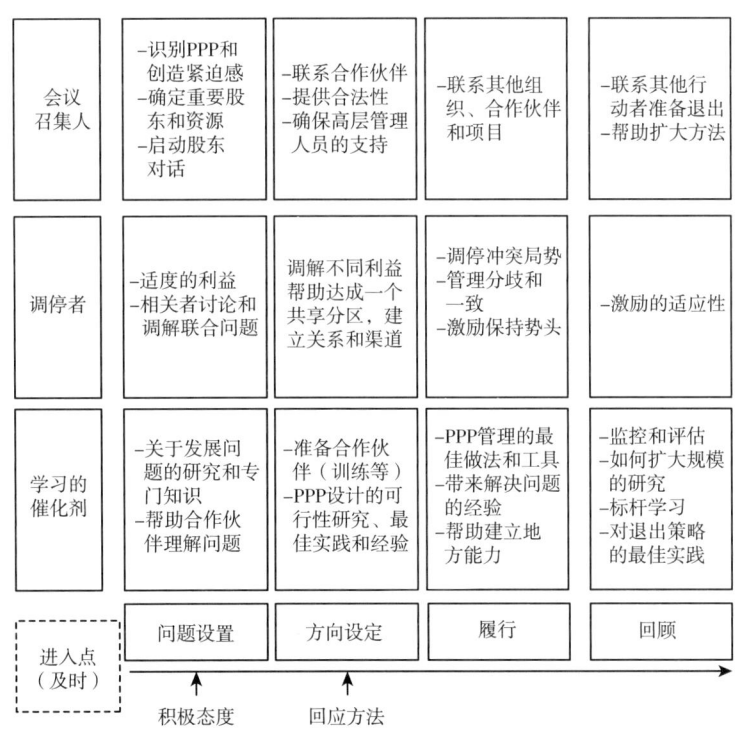

图 2-2　合作过程中经纪人组织作用框架

资料来源：Chou et al.（2015）。

作为PPP项目的投资方，保险资金在维护资金的安全性方面承担着较为明显的责任，受到更为严格的监管，这与私人部门投资存在不同。从进入PPP项目到退出或项目终止，当项目管理资源不足或缺乏经验时，就会遇到延迟或中断，这需要足够的策略和能力才能降低交易成本和加强沟通。为此，Nisar（2013）提出三个方面的提高策略，即战略调整、伙伴关系方法和项目管理技能，尤其是加强了对PPP项目进行监测与控制。这正符合经纪人组织的专业优势。

（3）弹性合同应对不确定性问题

保险资金参与的PPP项目一般是按照既定的设计完成，但如果遇到外部因素冲击，就面对如何化解风险的问题。从一定程度上说，保险最初参与PPP项目遇到执行问题，其避免风险的关键在于如何解决不确定性。Cruz和Rui（2013）以一个医院PPP项目为案例，分析PPP项目作为一种长期合同，通过弹性合同解决不确定性问题的方式。他们对合同中的灵活性进行梳理，从规模层面出发，在策略、战术和经营三个方面进行具体分析（见表2-3）。

表2-3　　　　　　　　PPP合同中灵活性的拟议分类

		灵活性的定位	
		互助性	个体的灵活性
规模	策略	介入权力	推迟放弃项目
		合同灵活的持续时间	能力模块
		获得优惠	发展
	战术	收入保障	替代生产线的投资
		利率上限	资产证券化和互换
		FFR模型	技术变化
	经营	物业回租业务	交换服务之间的空间分配（医院）
		短期变动	

资料来源：Cruz和Rui（2013）。

保险资金进入PPP项目，需要关注弹性合同的作用，但另一方面是弹性合同在降低不确定性的同时，关注合同结构和标准合同的作用不可或缺。从葡萄牙能源领域PPP模式应用的经验中发现，特别是在风力发电厂的发展方面，对于私人合作伙伴选择的评价程序，合同结构和风险分担协议是值得特别注意的（Martins et al.，2013）。从合同结构中可以发现，保险公司在PPP项目中的位置为进一步确认风险和权益、制定相应的策略以及获得外部救济等方面奠定了基础（见图 2-3）。

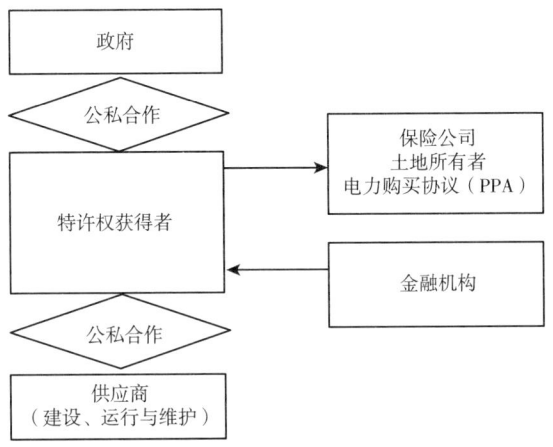

图 2-3　风力发电厂合同结构

资料来源：Chou et al.（2015）。

在制定的 PPP 项目合同中，保险资金作为利益相关者除了投资人的角色以外，还可以作为保险服务的提供方。从葡萄牙风力发电厂的 PPP 项目合同结构来看，保险资金作为投资人应该承担的权利和义务，以及出现不确定性问题时，应该可以寻求的救济手段。这降低了保险资金进入的 PPP 项目的风险，保障了效应的权力和参与方的权力（见表 2-4）。

表 2-4　风力发电厂 PPP 项目的合同结构

风力发电厂 PPP 项目的合同结构	
①定义和注释	d. 项目的技术管理系统
②合同的目的	e. 合同规定的时间界限
③项目启动说明（法律和财务）	f. 延迟处罚
④项目启动专属义务	⑤发起人的一般义务
a. 电力上网折扣	⑥资质
b. 产业项目特征	a. 融资方案
i. 风力企业特点	b. 风险
ii. 投资计划	c. 保险
iii. 工业单位建设的里程碑	⑦合同监督与信息管理
iv. 工期	⑧不遵守合同和合同终止
c. 第二产业单位的特征	⑨套利和冲突处置

资料来源：Martins et al（2011）。

保险资金参与 PPP 项目：风险管理与退出机制

保险资金在 PPP 项目中，除了关注企业相关的合同结构以外，对 PPP 项目的风险结构需要有一个较为明确的界定，进一步应对 PPP 项目执行过程可能出现的风险。尤其是保险资金需要在进入 PPP 项目前，通过界定清楚风险，界定是否进入、进入程度以及对合同结构和内容的设定（见表 2-5）。

表 2-5　　　　　　　　　　能源 PPP 项目主要风险

风险类型	风险说明	风险配置 公共部门	风险配置 私营部门	发生概率	影响水平
计划	项目产出的界定	×		低	中
	特定设计中建设项目充足				
建设	风电场投产延误		×	低	中
	风资源失败风险				
	地质环境条件不确定性				
	设备在操作过程或安装过程中的损坏				
	材料提供困难				
安全	施工和运行阶段的事故		×	中	中
并网	未发电的风险预先商定		×	低	高
	权利丧失权不可用				
电网毁坏	配电网故障，影响能源使用	×		低	高
接入	现有道路的损坏风险		×	中	中
	私人财产占用的风险				
许可证和征用	接受征用		×	低	中
	取得建设和经营许可证				
环境	获得环境影响报告书	×	×	低	中
	迁徙路线上风力发电场的位置（某些鸟类的障碍和死亡风险）				
运营与维护	风的可用性不确定（由风的间歇性所造成的损失，收益损失）		×	中	高
	设备状态				
	系统可靠性				
	设备利用率				
	对维修服的质量不确定性				
	利用基础设施的风险				

续表

风险类型	风险说明	风险配置 公共部门	风险配置 私营部门	发生概率	影响水平
技术	技术进步的不确定性		×	中	中
偏好	可持续性服务质量的不确定		×	中	中
价格	电力价格波动（机会成本）	×		高	高
需求和竞争	区位和企业替代		×	低	高
需求和竞争	新竞争者的威胁				
财务	放款人破产的风险		×	中	高
财务	通货膨胀上升的不确定性				
财务	财务负担演变				
财务	监管当局的税务调整				
法律	新法规对结构成本影响的可能性	×		低	高
法律	更严格的规定				
不可抗力	自然灾害、破坏公物、战争、流行病	×	×	低	高

资料来源：Martins et al.（2011）。

（4）法律、制度因素

保险资金进入的 PPP 项目受到相关法律、制度的制约。一方面，法律、制度建设在一定程度上保障 PPP 项目合同顺利执行，以及在违约后可以进行救济；另一方面，法律、制度建设是推动开展 PPP 项目的重要推手。Geddes 和 Wagner（2013）对 13 个主要的 PPP 授权法案构成一个指数以反映州立法对私人投资基础的作用。研究发现，州水平的 PPP 立法支持当地的公共设施建设。Panayides et al.（2015）从制度视角分析影响港口 PPP 项目绩效的因素后发现，监管质量、市场开放程度、创业难度和合同执行是决定项目成功的重要因素。

保险资金对 PPP 项目相关的法律、制度建设的关注有助于提升 PPP 项目成功概率。Liu 和 Wilkinson（2014）的研究显示出，一个成功的场地 PPP 项目有五个关键特征：一是健全的商业案例的开发；二是精简的财务安排；三是强大的招标；四是有效治理结构和伙伴关系为基础的联盟；五是现实的风险分配（见图 2-4）。

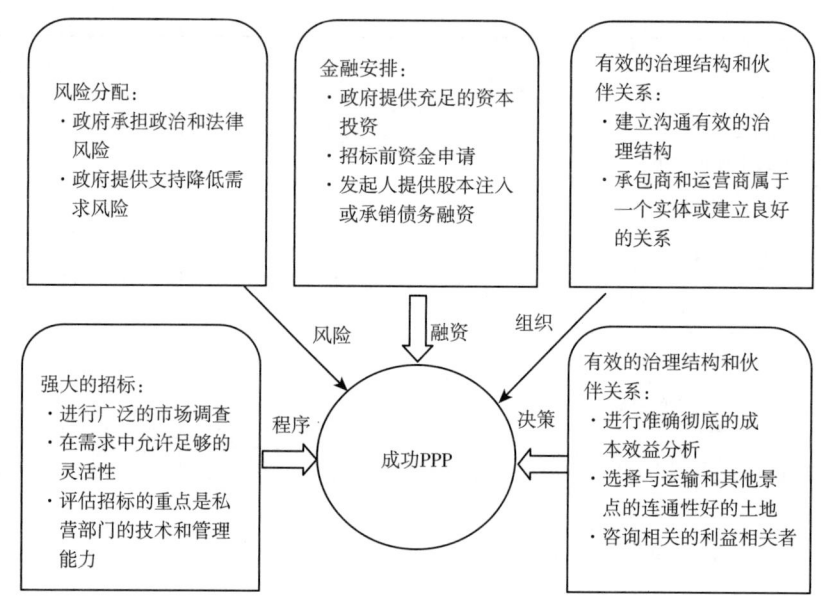

图 2-4 成功场地 PPP 项目地图

资料来源：Liu 和 Wilkinson（2014）。

（5）应对腐败的负面影响

在 PPP 领域发生腐败的概率也不容忽视，并在一定程度上降低了保险资金的安全系数。腐败除在我国存在以外，在"一带一路"沿线国家进行 PPP 项目投资时，包含腐败在内的国际风险概率更高。Iossa 和 Martimort（2016）分析了 PPP 项目中公共采购面临的道德风险、私人信息外生冲击、腐败威胁等情况下的风险分配和契约选择情况。他们认为，在这种情况下，通过改进保险以及合同能够减少道德风险的代理成本。在他们的分析中，保险公司成为外生因素，但如果保险资金进入 PPP 项目中，则需要进一步完善合同条款，降低委托代理的道德风险。同时，他们的研究显示，设置不完全合同将加大腐败发生的概率，也是腐败发生的一种信号。最后，他们提出，标准合约无疑是一项最优选择。

如何避免 PPP 项目中的腐败问题，根据 Iossa 和 Martimort（2016）的研究，私人干预等外部因素干扰 PPP 合约中的风险分配格局，而且识别和避免这些冲击都将增加成本，通过发挥法律等硬约束手段将降低 PPP 项目中的风险以及风险的合理配置。Asheem et al.（2017）认为，由于委托代理问题，PPP 转移风险的作用并不总是有效管理的,通过三个 PPP 污水处理项目中委托代理关系存在三个因素,如竞争、监管和激励进行检验后发现,竞争关系决定私人部门承担风险能力,监管降低事后信息不对称,而激励则确保风险得到有效管理。

(6)特许期仿真模型最优化作用

PPP 项目可能出现的风险来自于 PPP 项目的各个时期,作为利益相关者的保险公司和保险资金需要采用有效的方法进行更为准确的预测。Ng et al.(2007)通过一个假设的例子来说明 PPP 项目仿真模型的概念。其研究结果表明,风险和不确定性包括风险变化和不确定性的成本,并在一定程度上决定转让期限,而借助仿真模型结果构建理想的特许期后,可以考虑风险的影响。其中,净现值(NPV)被视为模拟特许期所必需界定的不确定性参数。

一般来说,政府将进行传统的净现值和投资回收期分析来确定特许期。保险公司可以通过仿真模型,协助确定一个最优控制下的转让期。在一定程度上说,特许期包含建设期和运营期,但保险资金获得回报的阶段是回收期之后的阶段,这需要回收期尽可能小于特许期。政府界定的特许期与保险公司的回收期之差显示出 PPP 项目的回报水平。保险资金在完成对特许期的预测后,进一步对 PPP 项目进行投资价值的判断(见图 2-5)。

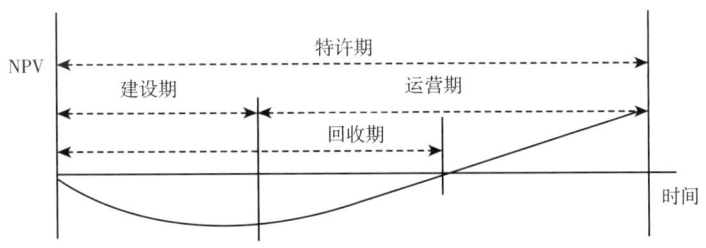

图 2-5 特许期与 NPV 关系图

资料来源:Ng et al.(2007)。

2.1.2 保险资金进入 PPP 项目范式

从国外的相关研究来看,国外研究人员对 PPP 项目的相关研究相对丰富,但就保险资金进入 PPP 项目的研究相对缺乏,尤其是保险资金参与 PPP 项目范式的研究尚属于空白。故本项研究经过对相关文献的梳理后，初步构建保险资金进入 PPP 项目范式，作为其开展 PPP 项目的重要参考资料。

经过梳理后发现，保险资金进入 PPP 项目将要受到以下因素影响。具体如：

- 国外 PPP 利益相关者研究；
- 经纪人组织助力 PPP 项目开展；
- 弹性合同应对不确定性问题；
- 非政府组织的作用；
- 法律、制度因素；
- 应对腐败的负面影响；
- 特许期仿真模型最优化作用。

沿着以上的研究思路，应以保险资金为主体，即作为 PPP 项目的利益相关者，在既定的法律、制度背景下，加强与非政府组织的合作，通过经纪人组织的支持，经过对特许期的仿真模型预测，签定弹性合同，与公共部门和项目公司构建 SPV，并积极应对腐败，实现预期收益（具体见图 2-6）。

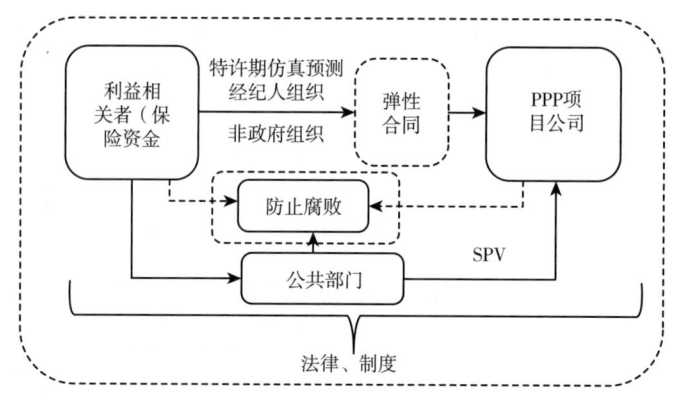

图 2-6　保险资金进入 PPP 项目路线图

资料来源：课题组制作。

2.2　加拿大养老基金参与 PPP 项目经验

从目前来看，国外关于保险资金进入 PPP 项目的经典文献相对较少，这与保险资金在 PPP 项目领域的实践尚未深入有关。一方面，保险公司作为投资主体对 PPP 项目模式下收益和风险匹配与预期有一定差距，影响了投资规模；另一方面，受诸多因素限制，如法律、制度和专业化水平等在一定程度上增加了交易成本和投资风险。此外，国外保险资金进入 PPP 项目的层次还有待提升的状况也不容忽视。我国对国外保险资金进入 PPP 项目的研究也存在一定程度的空白。以中国保险资产管理业协会和清华大学政府和社会资本合作研究中心编著的《保险资金参与 PPP 实践研究》为例，其在国外保险资金进入 PPP 项目的介绍中，举出加拿大的养老金计划投资基础设施的情况很具有参考价值，但只是简单介绍，没有进行更为详细的说明。[①] 为此，本文沿着其研究思路，以 Siemiatycki（2015）的研究成果为抓手，按照保险资金进入 PPP 项目路线图，进一步介绍加拿大养老基金进入 PPP 项目（含基础设施等）情况，为相关人士提供理论和实践的双重参考。

2.2.1　加拿大养老基金基本情况

加拿大养老基金参与 PPP 项目的研究较为全面的是 Siemiatycki（2015），他以加拿大最大的七家养老基金为例，对加拿大养老基金从事 PPP 项目进行了较为全面的研究。他认为，养老基金是私人资本的重要来源，是下一代基础设施的关键投资资金。而且，养老基金不仅拥有大量的资本储备，也支持提供稳定、低风险、长期回报的投资，这些投资与基础设施项目的自然属性相一致。但从全球来看，养老基金尚未成为基础设施的重要直接投资者。然而，加拿大的养老基金与国际同行相比显得尤为突出。在过去的十年中，加拿大最大的养老基金已经成为世界上在基础设施领域最活跃的机构投资者，而且与美国和英国等国家的同类基金相比在基础设施领域持有总资产中更大的份额（OECD，2011）。

事实上，全球最经济和最具代表性的交通设施，不是由加拿大养老基金拥有就是经营。这包括英国的高速铁路，哥本哈根、布鲁塞尔和悉尼的机场，墨尔本、多伦多和圣地亚哥的收费公路，以及温哥华、纽约和新泽西的港口。但对于工会来说，将养老基金用来投资私人基础设施，这种私有利益违背其目标，给养

---

① 中国保险资产管理业协会、清华大学政府和社会资本合作研究中心：《保险资金参与 PPP 实践研究》，中国金融出版社 2017 年版，第 63 页。

老基金带来了特殊的政治压力。但将投资重点放在经济目标或社会责任的国内投资，其绩效未必是最高的，而高风险带来高收益。

2.2.2 养老资金进入 PPP 路线图分析

(1) PPP 利益相关者的视角

养老基金作为利益相关者参与 PPP 项目具有一定优势。养老基金更适合用于基础设施项目投资，其总量巨大，可以作为大型公共基础设施项目的资金提供者。但养老基金却只是有限参与基础设施的投资者。从历史上看，养老基金作为政府发行债券的购买者参与了基础设施的建设。作为直接股权投资者为基础设施项目融资，不到 1% 的养老基金资本在全球投资于基础设施（克罗齐，2011）。

各国的养老基金作为基础设施的投资者存在不同：欧洲和美国的养老基金在基础设施作为资产方面进展缓慢；加拿大养老基金和澳大利亚最大的养老基金已成为投资于全球基础设施市场的领导者，并已被公认为是最多产和最成熟的基础设施基金投资者（Torrance，2008；克罗齐，2011）。如表 2-6 所示，加拿大七大养老基金的资金投资公共部门以及其他政府性资本，已经成为基础设施的重要投资者，而且基础设施投资收益率能够满足预期收益率要求，未来还有增长的潜力。截至 2012 年底，加拿大养老基金完成近 300 亿美元用于国内和国际项目的直接投资。

加拿大最活跃的七个养老基金计划显示，基础设施投资对养老基金投资具有十分重要的意义。在 2011 年基础设施资产中，这些大型公共部门养老基金的年回报率远远超过基金的平均水平。在一般的基础设施资产中，交通部门收到的投资数量最多。

养老基金以及其他类型的机构投资者直接投资于新建项目和现有的土地资产的交通基础设施投资。它们还参与多种模式的基础设施投资以满足私人融资，包括：公私合作的 PPP 项目的设计、建造、金融运营和维护新的设施；来自政府机构的长期租赁经营项目，如现有公路、停车设施、机场或港口；购买在基础设施建设和运营中拥有特许权公司的所有权；投资私人监管或无管制基础设施资产，通常是港口、机场、收费公路等。

表 2-6　2011 年养老基金投资表现最为活跃的基础设施资产

养老金计划/混合公共部门储蓄基金	基金总额（10 亿美元）	持有基础设施总额（10 亿美元）	养老基金持有基础设施比例（%）	总计划收益率（%）	基础设施投资收益率（%）	基础设施基准收益率（%）	超过基准	养老基金比例（%）	工会员工基金比例（%）	联合国负责任投资原则的签署国
加拿大退休金计划投资	148.2	9.50	6.4	11.90	13.3	—	—	—	—	是
安省市政雇员退休基金	55.7	8.49	15.3	8.79	8.4	8.0	是	100	67	否
安大略省公共雇员工会养老金信托	13.8	0.98	7.1	5.50	29.6	7.4	是	100	100	是
加拿大 BC 省投资管理公司	86.9	4.10	4.7	—	10.6	8.0	是	80	—	是
安大略省教师退休基金	116.3	8.70	7.5	11.20	7.7	6.1	是	100	100	是
魁北克储蓄投资集团	159.0	5.80	3.6	4.00	23.3	12.7	是	61	27	是
艾伯塔省投资	68.8	1.70	2.4	8.20	8.2	10.1	否	56	44	是
合计	648.7	39.20	6.7	7.30	14.4	8.7				

资料来源：Siemiatycki（2015）。

(2) 投资约束与经纪人组织作用

加拿大私营部门的养老基金还没有成为基础设施的重要直接投资者。养老金计划通过专门从事该部门的中介基金投资于基础设施资产的趋势日益明显，但这种方法通常有很高的管理成本。养老基金增加投资基础设施的障碍已被广泛认定为技术限制，强调投资机会有限、工作人员不足等。私营部门的工会养老基金和雇主组织基金的典型特征是规模较小，而整合跨多个雇主和汇集整个省的多个雇主养老金储蓄形成的大型投资基金是公共部门的基金。鉴于其规模较小，大多数私营部门基金缺乏大量资金和具备专门知识的内部工作人员，限制了其直接投资于大型基础设施资产的能力。随着经纪人组织的不断参与，近年来，私营部门的养老基金已经开始使用专门的中介机构和基金池来满足基础设施对大量资金投资的需求，但还没有成为基础设施的主要直接投资者。随着养老基金越来越多地被确认为是基础设施的关键潜在投资者，必须认识到只有能从事某些类型的资产和交易。尤其是较小的养老基金和其他机构投资者，在对于基础设施投资时，一般通过专业化的中介企业。

总而言之，加拿大大型养老基金形成一个共同特点是，致力于寻找、执行和监督基础设施交易的内部投资团队相当小。一般来说，这些基金只有 35 位或更少的投资专业人士，专业从事基础设施部门和负责管理美元投资。直接投资基础设施的高额交易成本加上小型内部管理团队，推动养老基金更有兴趣作为投资者。尽管如此，养老基金经理报告说，在他们的基础设施投资团队中，超过 1/3 的工作人员将精力花费在积极管理现有投资上。

(3) 弹性合同降低投资风险

国际社会在私人投资基础设施和公共利益方面面临的共同挑战是，短期时间跨度与某些投资者的利益最大化行动和基础设施资产长期寿命之间的不匹配，后者可以跨越几十年。而且，私营部门提供基础设施的投资从两个广泛的资金来源得到偿还：一是税收支持的政府支付；二是通行费和其他用户费用。

对于政策制定者和政治家来说，养老基金与其他"买入和持有"的机构投资者（如保险公司和主权财富基金）相比的吸引力在于利益往往与基础设施项目的特点相一致。养老基金投资在较大程度上减轻了财政负担。养老基金的投资者通常是寻找长期、稳定的回报，跨度超过20~30年才能覆盖增量退休义务的计划的受益者，而不是追求短期"超额利润"的投资者。

尽管加拿大最大的养老基金在其年度报告中设定的基础设施投资回报率在6%~13%之间，大大低于其他公共部门的目标，但其基础设施项目通常具有很高的准入门槛，如它们往往需要大量的前期投资，且是不可分割的（通常为1亿美元或更多），而且资产在短期内可能是非流动性的。由于基础设施项目的复杂性会导致较高的交易成本，大型联合养老基金投资者的需求可能特别符合基础设施项目的共同特点。

有效的合同设置能降低养老基金投资项目所要承担的收入风险。养老基金设法避免参与其他投资者采用的冒险性短期战略，以获取非常大的暴利，特别是避免过度杠杆化或有风险的债务再融资举措。如机场、海港和收费公路是特别有吸引力的资产，因为它们通常从监管环境或城市环境中获益，最大限度地减少新的市场进入者在未来直接竞争的可能性。这是因为在大多数国家，新机场或海港的启用受到严格限制，尤其是在现有的城市，限制了一个新的竞争对手带来的潜在挑战。其中，加拿大最大的养老基金通过两种交易结构投资大部分交通基础设施：一是选择有管制或无管制部门的私人交通资产进行股权投资，特别是机场和港口；二是投资长期持有运营基础设施资产的企业。这些基础设施的投资模式特别符合长期投资利益和大型养老基金制度的特点（见表2-7）。

表2-7　加拿大养老基金在基础设施资产投资中最活跃的运输资产

	PPP项目中直接股权投资	公司持有长期资产的长期股权投资	私人基础设施的股权投资（单一资产的所有权或拥有多个私人基础设施的公司）	基础设施开发和运营公司股权投资
未开发地区	联合桥梁（北欧化工）加拿大线，温哥华			

续表

PPP 项目中直接股权投资	公司持有长期资产的长期股权投资	私人基础设施的股权投资（单一资产的所有权或拥有多个私人基础设施的公司）	基础设施开发和运营公司股权投资
待重新开发地带 （BCIMC/Caisse）	特许经营的部分业主经营多伦多公路 407 和悉尼 M7（北极光/教师基金）	底特律河隧道（Borealis） Autopastia 中心（智利圣地亚哥私人公路）-（AIMco） Grupo Costanera（圣地亚哥 4 条城市收费公路的业主，智利滨海公路） 英国机场管理局（Caisse）- 豪赫蒂夫公司机场（雅典、杜塞尔多夫、汉堡、悉尼）-（Caisse） 伯明翰市机场（教师基金）、布里斯托尔（教师基金）、哥本哈根（教师基金）、布鲁塞尔（教师基金） 三角洲集装箱码头，范库弗峰（教师基金）、纽约集装箱码头（教师基金）、全球终端，新泽西（教师基金）、达尔林普尔湾煤码头（澳大利亚）、英国联合港口（拥有和经营 21 个英国港口）- Borealis	帝豪停车场有限公司（教师基金） Globalvia（西欧和拉丁美洲的铁路和公路特许经营权）- OPTrust Keolis（西欧和北美洲的铁路和公路运营商）- Caisse Oceanex（加拿大航运）-（OP Trust）

资料来源：Siemiatycki（2015）。

（4）跨组织合作降低风险

加拿大养老基金视自己为基础设施的活跃投资者，通常承担战略治理角色，如管理人员在其投资的公司董事会中担任职位，管理项目，并应对公共基础设施提供商相关的政治风险。养老基金投资者的积极治理作用，可能从公共部门管理的角度受益，因为养老基金是长期稳定的投资者，与其政府伙伴结盟。加拿大最大的养老基金通常是在基础设施领域的股权投资者，能够充分利用其庞大的规模和内部员工技能的竞争优势，获得大型非上市交易，实现健康风险调整收益。而且，养老基金资金大量、投资利益长期、回报预期相对温和以及在项目和公司中治理的积极作用支持点，使其受到机构投资者的青睐。全球的政治家和决策者正越来越多地试图吸引其到基础结构部门投资。

相比之下，加拿大最大的养老金计划都只投资了有限的基础设施项目，还被认为是可持续性的交通项目，特别是城市与城市间的轨道交通。在十多年的基础设施投资中，这些资金只在两个客运铁路项目中采取直接持有股权的方式，即连接英国与法国的 D1 高速铁路线的长期特许经营，以及温哥华轻轨铁路的设计、建造、融资、运营和维护。值得注意的是，除了对基础设施项目的直接投资外，养老基金已经更加积极地以投资企业的方式参与可持续的交通运输项目投资，如 Keolis 公司和 Globalvia 公司，均持有和运营各种交通设施，包括道路、机场和港口、交通系统和城市铁路等。

（5）腐败、法律及制度的约束

虽然加拿大养老基金一直是全球基础设施中最活跃的投资者之一，但加拿大养老基金投资本国的项目却有限。加拿大最大的养老基金在本国境内的交通基础设施投资所占比例排不到前三。此外，只有三项投资项目是养老基金计划成员居住的家乡项目。国内投资不足的主要原因是加拿大市场上的交通基础设施项目很少。另一个障碍，有时，被认定为是加拿大最大的养老基金投资于国内基础设施项目，可能与公共部门联盟的利益构成冲突，工会会强烈反对私有化和基础设施领域公私伙伴关系。

选择在哪些国家的市场进行投资时，养老基金对各种技术因素都很敏感，包括可供私人使用的资产类型和交易结构、运营是否符合养老基金的长期利益、法律制度的力量、保护契约和私有财产权的神圣性，以及政府管理私人基础设施运营商的经验等等。商业环境和政治风险对养老基金也很重要。鉴于对相对较低风险和长期的项目的兴趣，养老基金投资者青睐政治稳定的国家，对于政府决策，他们需要有一个合理的透明度和问责制，并限制了腐败。

根据这些标准，加拿大最大的养老基金在地理上集中于投资北美洲和西欧的直接基础设施。加拿大最大六个基金的 24 项直接股权投资中，44% 在北美洲，40% 在欧洲。智利是唯一的发展中国家，它吸引了加拿大最大的养老基金在交通基础设施方面进行直接股权投资。原因是，智利有很强的保护合同和私人投资者利益的法律，以及通常被认为在私人交易中政治干预的风险较低。

总而言之，加拿大养老基金进入 PPP 项目的实践显示出类似基金在 PPP 领域投资的潜力巨大。对于我国而言，基础设施建设的资金缺口依然巨大，PPP 模式可以有效节约财政资金和提高基础设施的运行效率，而保险资金进入 PPP 领域将有效利用各自优势，实现双赢。尤其是我国进行的"一带一路"倡议，增加了保险资金投资的领域，也加大了从事国际 PPP 项目的风险和不确定性。

保险资金参与 PPP 项目：风险管理与退出机制

从加拿大养老基金进入 PPP 领域和投资于基础设施建设来看，其实践有助于我国保险资金开展 PPP 项目。具体的经验如下：

● 发挥资金投资基础设施的优势，注重利益相关者角色，发挥投资过程中的审慎作用，选择低风险稳收益的 PPP 项目；

● 加大与经纪人组织、非政府组织等的跨组织合作，降低信息不对称和降低市场风险的作用，提高 PPP 项目的运营效率；

● 设立弹性合同规避 PPP 项目实施中的风险和不确定性，提升对 PPP 项目的监管水平和处理冲突的能力；

● 充分利用防止腐败的法律和制度的作用，助力 PPP 项目选择，积极化解外部冲突。

第 3 章
我国保险资金参与PPP项目的现状

3.1 我国PPP项目的发展概况

3.1.1 我国PPP项目的发展历程

我国PPP项目的发展历程大致可以分为以下五个阶段：探索阶段（1984～1993年）、试点阶段（1994～2002年）、推广阶段（2003～2008年）、波动发展阶段（2009～2012年）和普及阶段（2013年至今）。在各个发展阶段，由于当时所处的国内外经济环境与政策环境的不同，PPP项目的发展也呈现出不同的特征。整体而言，PPP项目所处的政策环境逐步改善，相关设计、实施、运营等环节越加成熟，发展趋势总体向好。①

（1）探索阶段（1984～1992年）

自1978年改革开放实行之后，中国需要吸引外资进入我国经济建设的各个领域。当时，我国基础设施建设的一项重要资金来源就是外商的直接投资。在这个阶段还没有PPP的概念，主要是效仿土耳其的BOT（Build-Operate-Transfer）模式。

此阶段的主要特征是，当时还没有直接关于BOT的法规，审批项目需要地方向中央直接汇报，中央首肯后地方才能批准，相关经验非常有限。典型的项目为深圳沙角B电厂BOT项目。

（2）试点阶段（1993～2002年）

1992年，邓小平的"南方谈话"以及年底召开的党的十四大确立了社会主义市场经济体制，为投融资改革提供了理论依据。1993年起，国家主管部门开始研究投融资改革问题，并在1994年选择了五个BOT试点项目，包括高速公

---

① 程哲，季闯：《中国PPP发展历程及特征分析》。

路、电厂、水厂等项目。随后，国家相继出台了一系列政策来推动 PPP 项目的发展。

此阶段的主要特征是，项目主要以能源、交通、水务等项目为主，BOT 试点较多，但项目壁垒较强，总体成功率不高。典型的项目为广西来宾 B 电厂项目、广东电白高速公路项目等。

（3）推广阶段（2003~2008年）

2002 年，党的十六大召开，进一步强调市场机制。随后，住建部相继出台了《大力推进市政公用市场化指导意见》《市政公用事业特许经营管理办法》等一系列文件，成为此阶段开展 PPP 项目的基本法律法规依据。这些文件鼓励相关参与方以特许经营权的方式投资供水、供热、污水处理、公共交通等公用事业。在政府的有力推动下，PPP 项目在全国各主要城市掀起了一波高潮。

该阶段的主要特征是，国外资本、国有企业、民营资本同台竞争，但国外资本占比越来越低；招标主要采取公开招标方式，项目更加透明有效率，同时地方政府具有较高的主动权，有利于维护公共利益；PPP 项目的相关流程、运作、合同文本等越加成熟，大力促进了 PPP 项目的实施。典型的项目为北京地铁四号线、北京国家体育场（鸟巢）等。

（4）波动发展阶段（2009~2012年）

2008 年，美国爆发金融危机，并迅速传导至全世界。年底，中国为了应对全球金融危机，推出了"四万亿"刺激计划。在此背景下，由政府引导的巨额银行资本开始进入基础设施领域，社会资本失去了谈判能力，PPP 项目受到巨大冲击。这种由政府主导的投资模式弊端很多，如效率低下、政府债务负担加重等，随着"四万亿"计划弊端的显现，2010 年国务院出台"新国 36 条"，以此来鼓励和引导民间投资，但效果不是非常明显。

该阶段的主要特征是，PPP 模式的主要投资方为国企和政府，私人部门被挤出；随着项目投资资金的增加以及市场的逐步成熟，PPP 项目的融资渠道逐渐多元化。典型的项目为门头沟垃圾焚烧发电厂、兰州七里河安宁污水处理厂 TOT 项目等。

(5) 快速发展阶段（2013 年至今）

从 2013 年底开始，为解决地方政府债务负担、国有体制效率低下等问题，规范 PPP 项目的实施与应用，限制地方政府融资平台无序举债，中央政府连续出台各项政策规范，国家发展和改革委员会启动特许经营立法工作，财政部成立 PPP 中心，鼓励通过 PPP 模式吸引社会资本进入公共服务领域。同时，学术界、咨询界等关于 PPP 模式的研讨沙龙不断，PPP 项目进入快速发展期。

该阶段的主要特征是，PPP 项目政策法规不断完善，相关落地、推广与应用支持力度较大，各界关注度较高，项目数量也迅速增加。典型的项目为北京新机场轨道线社会化引资项目、安庆外环北路工程 PPP 项目等。

3.1.2　我国 PPP 项目的发展特征

在 PPP 项目建设运营方面，财政部、国家发展和改革委员会分别建立了各自系统的项目库，计划投资额达到 17 万多亿元。以财务部项目库为例，截至 2017 年 9 月底入库项目数量达到 14 220 个，总投资额 17.8 万亿元，覆盖全国 31 个省（自治区、直辖市）及新疆兵团。其中，已签约落地项目数量达到 2 388 个，总投资额 4.1 万亿元，覆盖除天津市、西藏自治区以外的 29 个省（自治区、直辖市）及新疆兵团，落地率 35.2%。此外，目前财政部已推出三批示范项目。以第三批示范项目为例，共有 34 个省、自治区、直辖市、计划单列市、新疆生产建设兵团和中央部委积极申报项目。截至 2016 年 10 月底，通过审核的示范项目数量达到 516 个，总投资额超过 1.17 万亿元，无论是数量还是投资规模均超过了前两批示范项目之和。由此可见，在基础设施建设领域中，政府与社会资本的合作关系的认可度正不断提升，具有更为广阔的发展潜力。同时，我们也发现，无论从区域还是行业分布上来看，第三批项目的覆盖度均较前两批有所提升，但由于基础设施建设和公共服务本身涉及的行业相对有限，使得 PPP 示范项目的行业分布集中度仍旧较高。总体上可以说，国内 PPP 项目呈现迅速发展之势，积极促进了经济增长，减轻了地方政府债务压力，推进了我国社会城镇化的步伐。

随着我国 PPP 项目数量和投资额的增加，PPP 项目的发展也呈现出了一定的

保险资金参与 PPP 项目：风险管理与退出机制

特征，包括：PPP 项目整体成交额上行，但行业差异较大；东西部落地 PPP 项目较多，国企成交额占比较高；项目回报率降低，市场竞争加剧；项目执行逐步推进，效率有待提高等。①

根据明树数据统计，我国 PPP 项目的发展具有以下特征：

（1）PPP 项目整体成交额上行，但行业差异较大

从成交量和成交金额来看，2014 年～2017 年 6 月，我国 PPP 项目的成交量和成交额均呈上涨态势。截至 2017 年 6 月底，PPP 项目的成交总量为 3 774 个，成交总额为 5.57 万亿元。从行业落地情况来看，市政公用事业项目总金额占比最大，交通运输业其次，两项成交额分别为 2.06 万亿元和 1.65 万亿元，占比分别为 37% 和 30%，而农林水利与环境保护类项目落地总金额与数量占比均较低。②

（2）东西部落地 PPP 项目较多，国企成交额占比较高

从地区分布上看，2014 年～2017 年 6 月，落地的 PPP 项目总额与数量均呈现西部地区和东部地区较多，中部地区较少的现象。东部地区经济发展较快，政府服务观念相对深入，西部地区财力相对薄弱，基础设施建设相对薄弱，因此落地的 PPP 项目较多。2014 年～2017 年 6 月，落地 PPP 项目金额最多的地位排名前三是云南省、四川省和河北省，最少的地区是天津市、西藏自治区和上海市。云南省、四川省等地经济发展相对滞后，对基础设施需求较大，PPP 项目落地较多，而天津市、上海市等地基础设施建设条件已经相对较为完善，对 PPP 项目的需求不是很大。

从国企、民企 PPP 项目成交金额占比来看，国有企业远超民营企业，成交金额为 41 139 亿元，占比约为 74%，在社会资本中占比较大；从 PPP 项目成交数量来看，国有企业、民营企业大致相当，各占半壁江山。

（3）项目回报率降低，市场竞争加剧

2015 年～2017 年 6 月，PPP 项目的平均回报率呈逐年下降趋势，2015 年为

---

①② 明树数据，中国 PPP 市场发展分析（2014～2017 年）。

8.00%，2016 年为 6.69%，2017 年上半年为 6.37%，平均回报率的降低也反映出了 PPP 市场竞争格局的加剧。

建筑安装费用是 PPP 项目成本中占比较大的一项，也是社会资本竞争报价的重点。随着 PPP 项目竞争的加剧，建筑安装费用的下浮率也逐年上升，且行业变化不一。其中，市政公用事业类项目 2015 年建安工程费下浮率为 5.47%，2016 年为 5.81%，2017 年上半年为 6.91%，下浮率的增长幅度最大。

（4）项目执行逐步推进，效率有待提高

PPP 项目正式进入实施阶段的一个里程碑即为成立项目公司，那么项目的执行效率在一定程度上就可以用中标到成立项目公司所用的时间长度来反映。截至 2017 年 6 月底，已经公布的 3 774 个项目中，成立了项目公司的项目共有 2 044 个，占比为 54.20%。社会资本从中标到成立项目公司平均历时 78.8 天，其中国有企业牵头的项目从中标日到成立 PPP 项目公司平均为 93 天，民营企业牵头的平均为 71 天，民营企业在推进 PPP 项目合同谈判和 PPP 项目公司成立上相较于国有企业更有效率。

同时，当前 PPP 项目的收费形成了使用者付费和政府付费两种付费模式。

使用者付费模式，一般称为特许经营的 PPP 模式。在使用者付费项目中，付费金额是由使用量的大小来决定的，主要包括 BOT、BOO 和 BOOT 等类型。其适用范围主要包括三类项目：一是具有垄断性的项目，如供热、供气、地下管廊等，可完全依靠收费来收回前期所投入的成本，此类项目应重点关注价格形成机制如何确定；二是仅通过使用者付费不足以实现成本回收或合理回报的项目，需要政府以财政补贴、优惠贷款等形式给予一定的经济补助；三是具备竞争性的项目，如产业园区、文化旅游、收费公路等，此类项目对区域内的消费者而言并非唯一选择，商业风险较大，财务效益的实现存在不确定性。

政府付费模式则适用于公共设施类和公共服务类项目，通常较难直接明确具体的使用者，因而只能由政府使用财税收入向服务提供者进行购买。该模式的具体操作方法为，社会资本提供并保证高质量的公共产品及服务，政府以最终产品的效用来签定合同并履行付费责任，从而完成政府和社会资本的合作。

此外，金融机构参与的积极性较高。近年来，国家从政策层面对 PPP 项目进行大力的支持与引导，2014 年以来财政部、国家发展和改革委员会等部门陆续

出台政策文件，大力推动政府和社会资本在基础设施和公共事业领域的合作。与此同时，全国各地竞相推出本地的 PPP 项目清单，社会资本也主动在相关领域进行研究与规划，极大地促进了 PPP 模式在全国范围内的推广与运用。尤其是自 2014 年下半年开始，PPP 无论是概念还是实操在我国均取得了快速发展。对优质项目具有敏锐洞察力的金融机构，也纷纷加入 PPP 项目投资的热潮之中，深度参与这一场"PPP 盛宴"。整个金融行业作为 PPP 项目建设的主力资金方，积极与各级政府、各领域的产业资本协作，共同探索服务于 PPP 项目融资的创新型金融工具。

监管层也愈加重视 PPP 业务的规范发展，随着多项新规和办法的相继下发，PPP 业务及其融资进入一个强监管的周期。2017 年 11 月 10 日，财政部办公厅下发《关于规范政府和社会资本合作（PPP）综合信息平台项目库管理的通知》（财办金〔2017〕92 号），进一步严格新 PPP 项目的入库标准，并对已入库项目进行集中清理。2017 年 11 月 17 日，中国人民银行协同原中国银监会、中国证监会、原中国保监会及国家外汇管理局联合发布《关于规范金融机构资产管理业务指导意见（征求意见稿）》，其中对于资产管理产品投资非标准化债权资产和未上市股权的"期限错配"做出了明确规范。2017 年 11 月 21 日，国务院国有资产监督管理委员会公布《关于加强中央企业投资 PPP 业务风险管控的通知》（国资发财管〔2017〕192 号），从严格准入条件、严格规模控制、优化合作安排、规范会计核算等六方面来防范央企参与 PPP 的经营风险。虽然该文件规范的 PPP 参与主体是央企，但应该明确看到，央企参与 PPP 项目的资金来源主要为银行、保险等金融机构，因此资金方对外提供融资的行为将一并受到新规影响。

3.2 我国保险资金参与 PPP 项目的相关政策

3.2.1 在投资方面的相关政策

2012 年 10 月，原中国保监会印发《基础设施债权投资计划管理暂行规定》

（保监发〔2012〕92号），明确了保险资产管理公司等专业管理机构设立与发行债权投资计划以投资基础设施项目的操作标准。

近年来，随着保险资金运用方式的创新，保险资金投资的相关限制逐渐松绑。2015年9月，原中国保监会与国家发展和改革委员会联合印发了《关于保险业支持重大工程建设有关事项指导意见》（发改投资〔2015〕2179号），要求保险资金发挥长期稳定、资金规模大的优势，通过投资债券、设立基金等方式支持国家重大工程建设。

2016年7月，原中国保监会修订发布《保险资金间接投资基础设施项目管理办法》（保监会令2016年第2号），规定在强化风险防控的前提下保险资金可通过投资计划以债权、股权、物权及其他可行方式投资基础设施项目，同时还放宽保险资金可投资基础设施项目的行业范围，增加政府和社会资本合作等可行投资模式。

2017年4月25日，国家发展和改革委员会正式印发《政府和社会资本合作（PPP）项目专项债券发行指引》（发改办财金〔2017〕730号），继续丰富了PPP项目的融资方式，也从一定程度上为保险资金的退出增加空间。

2017年5月，原中国保监会印发了《关于保险资金投资政府和社会资本合作项目有关事项的通知》（保监发〔2017〕41号），支持保险资金通过基础设施投资计划投资符合条件的PPP项目，为保险资金进入PPP项目提供了政策支撑。

3.2.2　在退出方面的相关政策

2014年9月23日，财政部发布《关于推广运用政府和社会资本合作模式有关问题的通知》（财金〔2014〕76号），重点关注项目退出安排等关键环节，强调PPP退出安排的关键性，规定"地方各级财政部门要会同行业主管部门协商订立合同，重点关注项目的功能和绩效要求、付款和调整机制、争议解决程序、退出安排等关键环节，积极探索明确合同条款内容"。

2014年11月16日，国务院发布《国务院关于创新重点领域投融资机制鼓励社会投资的指导意见》（国发〔2014〕60号）规定，政府要与投资者明确PPP项目的退出路径，保障项目持续稳定运行，项目合作结束后，政府应组织做好接

保险资金参与 PPP 项目：风险管理与退出机制

管工作，妥善处理投资回收、资产处理等事宜。2014 年 11 月 29 日，财政部发布《财政部关于印发政府和社会资本合作模式操作指南（试行）的通知》（财金〔2014〕113 号），规定项目合同中应明确约定移交形式、补偿方式、移交内容和移交标准。移交形式包括期满终止移交和提前终止移交；补偿方式包括无偿移交和有偿移交。

财政部《关于规范政府和社会资本合作合同管理工作的通知》（财金〔2014〕156 号），在"PPP 合同管理的核心原则"中规定要"兼顾灵活"，在"保证合同内容的完整性和相对稳定性"的前提下，"合理设置一些关于期限变更（展期和提前终止）、内容变更（产出标准调整、价格调整等）、主体变更（合同转让）的灵活调整机制，为未来可能长达 20～30 年的合同执行期预留调整和变更空间"。

2014 年 12 月 2 日，国家发展和改革委员会发布《国家发展改革委关于开展政府和社会资本合作的指导意见》（发改投资〔2014〕2724 号），强调遇不可抗力或违约事件导致项目提前终止时，项目实施机构要及时做好接管。政府和社会资本合作期满后，要按照合同约定的移交形式、移交内容和移交标准，及时组织开展项目验收、资产交割等工作，妥善做好项目移交。依托各类产权、股权交易市场，为社会资本提供多元化、规范化、市场化的退出渠道。

《国务院办公厅转发财政部、发展改革委、人民银行关于在公共服务领域推广政府和社会资本合作模式指导意见的通知》（国办发〔2015〕42 号）在"合理确定合作双方的权利与义务"一节中规定"明确项目的……退出安排、应急和临时接管预案等关键环节，实现责权利对等"。

国务院、国家发展和改革委员会、财政部关于推广 PPP 模式相关文件出台后，各省、自治区、直辖市纷纷出台贯彻落实国家有关政策的地方政府规范性文件。我们整理了全国部分地方共 22 个省区市制定的 PPP 规范性文件，这些文件中，关于社会资本退出机制的规定主要包括以下三种情况：一是以贯彻国务院和有关部委相关文件为主，侧重 PPP 项目的适用范围、组织实施、监督管理，以及政策资金支持和保障等内容，未对 PPP 项目社会资本退出机制进行规定，主要有黑龙江、广西、云南、甘肃、新疆等 5 个省、自治区。二是在合同管理、项目执行、金融政策支持等章节中简略规定要明确退出路径等安排。大部分地方政府规定都是这种模式，主要有河北、内蒙古、江苏、安徽、福建、山东、河南、湖北、海南、四川、贵州、陕西等 12 个省、自治区。三是除在规范合同管理等部分规定要明确退出路径等安排外，还专设完善或健全退出机制相关章节，规定 PPP 项目运行过程中，如遇不可抗力或违约事件导致项目提前终止时，行业主管部门要及时组织接管，保障项目设施持续运行，保障公共利益不受侵害，确需变更社会资本方的，由政府和社会资本方协商解决，但应保护公共服务的持续性和稳定性等内容。主要有北京、辽宁、浙江、江西、广东等 5 省、市。

22 个省级地方政府制定的规范性文件中，提到建立或完善相应的退出机制的有 17 个，含有退出机制的专门章节的有 5 个。综上来看，在国家推动实施 PPP 项目初期，绝大部分地方政府都意识到退出机制对于推进实施 PPP 的重要作用，但是关于退出机制的规定，大部分以引用《关于推广运用政府和社会资本合作模式有关问题的通知》（财金〔2014〕76 号）等国家级文件的原则性规定为主，部分地方政府虽然在贯彻国家相关规定和意见的框架下就退出机制做了进一步阐述，但主要关注点大部分仍是在特殊情况下政府方接管项目和变更社会资本的安排，主要目的是保障项目持续稳定运行和保护公众利益，缺少对社会资本方退出方式、安排的具体规定，更多的是将退出机制的安排视为合同自由裁量的范畴，交于 PPP 实施部门和社会资本方决定。

2016 年 8 月 30 日，国家发展和改革委员会发布《关于做好传统基础设施领域政府和社会资本合作工作通知》（发改投资〔2016〕1744 号），提出构建多元化退出机制，包括推动 PPP 项目与资本市场深化发展相结合，依托各类产权、股权交易市场，通过股权转让、资产证券化等方式，丰富 PPP 项目投资退出渠道。

2016 年底，国家发展和改革委员会和中国证监会《关于推进传统基础设施领域政府和社会资本合作（PPP）项目资产证券化相关工作的通知》（发改投资〔2016〕2698 号），明确了重点推动资产证券化的 PPP 项目范围，鼓励符合国家发展战略的 PPP 项目开展资产证券化。

2017 年 5 月，原中国保监会发布了《关于保险资金投资政府和社会资本合作项目有关事项的通知》（保监发〔2017〕41 号），规定保险资金参与投资的 PPP 项目，应该"设定明确可行、合法合规的退出机制"。

2017 年 6 月，财政部、中国人民银行和中国证监会发布了《关于规范开展政府和社会资本合作项目资产证券化有关事宜的通知》（财金〔2017〕55 号，以下简称"财政部55号文"),提出要"分类稳妥地推动PPP项目资产证券化",鼓励项目公司在项目运营阶段,以能够带来现金流的收益权、合同债权作为基础资产,发行资产证券化产品。积极探索项目公司在项目建设期依托PPP合同约定的未来收益权,发行资产证券化产品,探索项目公司股东开展资产证券化盘活存量资产。同时,支持项目公司其他相关主体开展资产证券化。财政部55号文对PPP项目在不同主体、不同阶段、不同基础资产上如何实施资产证券化做了较为明确的规定,为PPP项目的参与各方提供了广阔的退出渠道。

合理的退出机制能够更有效吸引保险资金等社会各类资本的前期顺利进入和后期安全退出。由于PPP项目建设和运营周期较长,与保险资金投资周期往往存在着期限错配,而且PPP项目不确定性较大,而保险资金的风险承受能力较弱,保险资金一般要求稳定的收益并保证资金具有流动性。因此,在PPP项目建设完工后或运营一段时期后保险资金选择合理退出可能是较为明智的选择。PPP在我国发展的历史较短,各项法律法规和政策文件体系并不健全。根据现有的国家政策文件来看,现有PPP相关政策文件对保险资金等社会资本方退出机制安排上并无可靠的保障,往往偏重于在非正常情形下进行暂时回收。对于正常情形下社会资本方的退出方面,还缺少比较具有创新性的机制,PPP退出机制不健全成为制约社会资本参与的重要因素,完善PPP退出机制是当务之急。

3.3 我国保险资金参与PPP项目的方式

3.3.1 保险机构参与PPP项目的方式

保险机构参与PPP项目的合作模式从角色定位上可以分为三类:一是投资者的角色,通过投资(财务投资或战略投资)获取投资收益;二是保险从业者的角色,为PPP项目建设或运营提供风险管理产品;三是综合服务商的角色,为PPP项目提供各类综合服务而获取收益(见图3–1)。

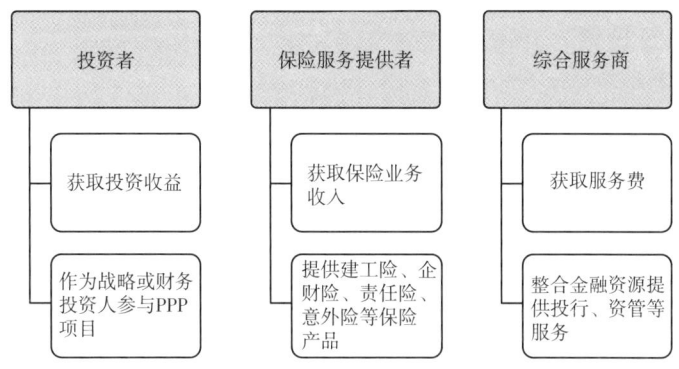

图 3-1 保险机构参与 PPP 项目方式

数据来源：课题组整理。

保险从业者角色定位上，保险机构可以通过推广各种保险产品（如企财险、责任险、意外险、建工险）的方式降低 PPP 相关方的运营风险。主要是凭借保险主业功能，对在 PPP 项目建设运营中面临着诸多风险进行保障和分散；其主要操作路径为围绕项目融资方、承包商、分包商、供应商和运营商等主体角色对风险规避和转移的需求，充当专业风险管理者的角色，主动深入 PPP 项目的建设、运营和管理中去，如设计创新型的保险方案，匹配适当的建筑工程险、企业财产险等保险产品种类，降低 PPP 各参与主体的风险；同时，亦可充分利用信用保证保险的增信作用，提升 PPP 项目的资信水平，从而协助降低 PPP 项目的融资成本。

服务商的角色定位上，保险机构可以作为融资机构与各类产业资本组成联合体共同参与运作 PPP 项目；还可以作为综合服务商提供投行、资管等金融顾问类服务。

根据目前保险机构的实践情况，除保险业务主业外，保险资金作为投资者参与 PPP 项目占比最大，本文主要讨论此种类型。

3.3.2 保险机构投资 PPP 项目的途径

综合来看，当前保险资金参与 PPP 项目建设的途径是比较多样的，但是并没有一个最优的途径，而是需要保险机构根据自身的实力、特点及风险偏好，选择适合的项目，并且采取与之相适应的投资途径。

(1) 债权投资

考虑到保险资金较为青睐于投资固定收益类产品，而 PPP 项目通常具有较高比例（70%～80%）的债务融资需求，因此债权投资也是保险资金参与 PPP 项目投资的重要方式。具体操作中，可以分为两种模式。第一种模式是向施工单位提供债权融资，由施工单位的母公司或第三方提供担保。该模式下，保险资金采用债权投资计划的模式投资基础设施项目，本质上还是依靠主体信用进行融资，并不是项目融资，也即通过给承接 PPP 项目的施工单位融资，进而间接投资 PPP 项目。另外一种模式是真正意义上的 PPP 项目融资。该模式下，保险机构仅和直接开展 PPP 项目建设运营的项目公司发生债务关系，而非经由其他主体将债务性资金引入 PPP 项目。

2012 年 10 月 12 日颁布的《基础设施债权投资计划管理暂行规定》（保监发〔2012〕92 号），允许保险资产管理公司向委托人发行受益凭证，募集资金以债权方式投资基础设施项目，并规定了投资项目应该符合的条件和增信措施。在南水北调项目和京沪高铁项目中，保险资金以债权计划方式参与投资。2013 年 2 月 1 日，原中国保监会发布了《关于债权投资计划注册有关事项的通知》，债权投资计划的发行由备案制调整为注册制，将选择权和风险承担的义务交给市场。

作为保险资金，投资的安全性是很重要的，以债权投资在法律责任上不对项目的盈亏负责，无论项目是否盈利，项目方都有按约定的本息偿还投资的义务，所以保险资金以债权投资是其首选的投资方式。如太平资产—上海建工都江堰市滨江新区基础设施 PPP 项目债权投资计划，为 4.68% 固定收益的 AAA 级债权计划。

(2) 股权投资

作为 PPP 模式中必要参与方的社会资本，其进行股权投资是成功推进 PPP 模式的关键。根据 1996 年国务院颁布的《关于固定资产投资项目试行资本金制度的通知》及相关规定的要求，建设项目务必通过非债务性筹资获得一定比例的资本金，若资本金不到位则无法进行后端的贷款融资；而由于 PPP 项目投资的体量巨大，社会资本难以通过自有资金进行覆盖，因此具有旺盛的股权融资需求。

保险资金以其体量大、期限长的优势，恰好与这一需求匹配，使得股权投资成为保险资金投资 PPP 项目的重要方向。在融资需求契合的同时，我们也应注意到，股权投资的较高风险性，是与保险负债端的资金成本和风险要求存在差异的，因此，实践中较多采用明股实债等创新方式防范股权投资风险，形成满足 PPP 项目股权性融资的可行路径。

第一种模式为保险资金以真正的股权投资方式进入，担任的角色为社会资本，做到真正意义上的同股同权。该模式下，保险资管机构除了可以单独作为投标人参与竞标外，亦可与其他社会资本组成联合体进行共同竞标。

第二种模式为保险资管机构以明股实债的方式对接 PPP 项目公司的资本金融资需求。在该模式下，显性层面上保险资金系通过股权投资的方式为 PPP 项目提供资本金，但隐性层面上却通过"抽屉"合同约定由社会资本方做出对保险资金持有的收益部分进行差额补足和到期回购的承诺。具体操作方式有两种：一种是与施工单位或运营单位组成联合体，共同作为投标的社会资本；另一种仅作为社会资本的财务投资者，不实际参与项目建设与运营，也不参与竞标。

在北京地铁 16 号线项目中，中再资产发起设立"中再—北京地铁十六号线股权投资计划"，由中国大地财产保险股份有限公司和中国人寿再保险股份有限公司等投资 120 亿元，占项目公司 80% 股权（见图 3-2）。

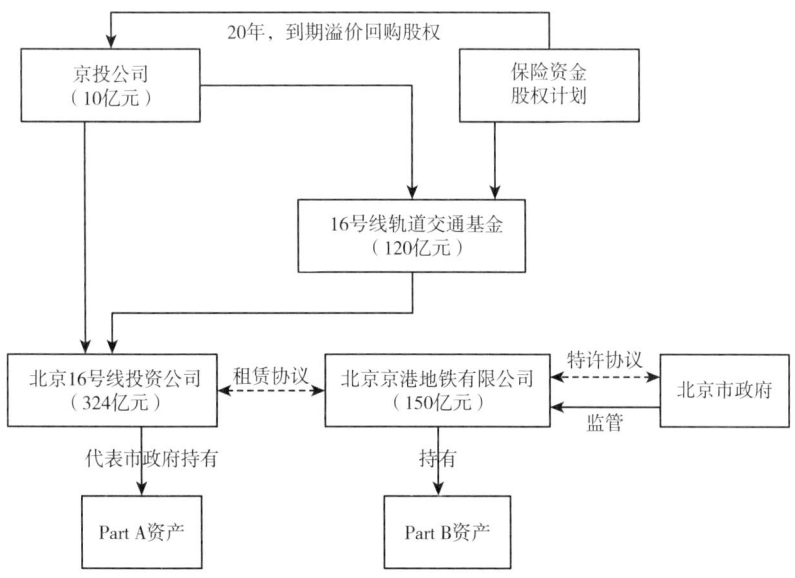

图 3-2 北京地铁 16 号线投资结构图

在呼和浩特市轨道交通1号线一期工程PPP项目中，太平保险所属的深圳市太平投资有限公司投入本金约1.5亿元，占项目公司股权的2%，与中国中铁股份有限公司组成联合体占整体项目51%股权（见图3-3）。该项目为险资首次直接参与轨道交通PPP项目，保险资金2%的股权比例在本项目中占的比重不算太大，但具有探索和示范意义。

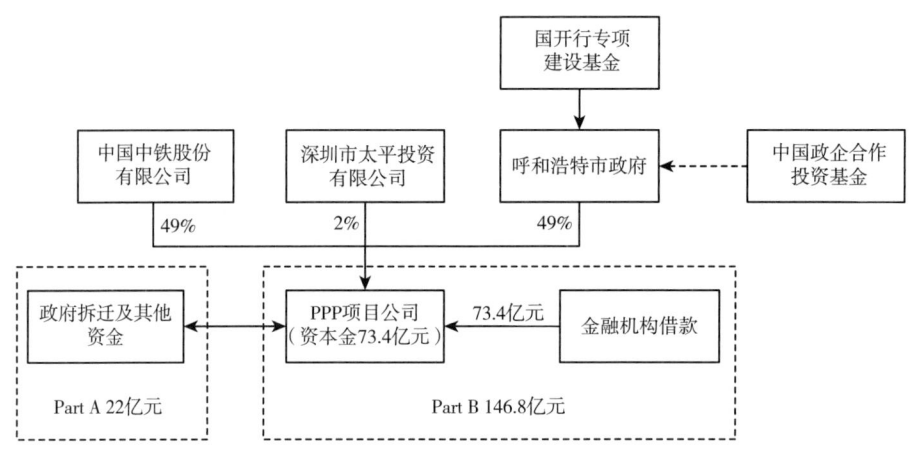

图3-3 呼和浩特轨道交通1号线一期融资交易结构图

第三种模式为保险机构参与PPP基金模式。PPP基金是指直接或间接投资PPP项目的私募股权基金，其与一般私募股权基金的区别主要表现在两大方面：一是属于夹层融资。PPP基金通过股权投资于PPP项目公司，其分配顺序劣于银行债权，但优于社会资本方股权，PPP基金的部分作用是为了填补注册资本金的缺口。二是本质为明股实债。PPP基金多以"优先固定收益分红+回购份额或股权形式"的方式，确保PPP基金的优先级可以获得稳定的现金流。上述形式本质类似于债权融资还本付息，本质上为债务融资。

从关键投资者的角度，PPP基金分为社会资本方投资的PPP基金和政府方投资的PPP基金。前者是由社会资本方和财务投资人共同成立的PPP基金，财务投资人为贷款人，社会资本方为借款人，该基金的获利模式是由优先级财务投资人获取固定收益分红以及劣后级投资人对份额或股权回购的承诺，以此达到还本付息的效果。政府方投资的PPP基金一般分为两类：一种是间接投资PPP项目的政府引导基金；第二种是直接投资PPP项目的政府投资基金。政府方投资的PPP基金，政府方在基金中只是参股的投资人，财务投资人为真正控股的投资人。

从实际操作情况看，保险资金通过资管计划等产品形式投资于PPP基金，多作为财务投资人以明股实债的形式，作为基金的优先级并视为第一顺位的贷款人，政府方作为基金的中间级别可以视为第二顺位的贷款人，以社会资本方作为基金的劣后级可以视为借款人，通过获取固定收益分红以及劣后级别投资人对份额或股权回购的承诺，通过对方的还本付息实现投资收益并完成退出（见图3-4）。

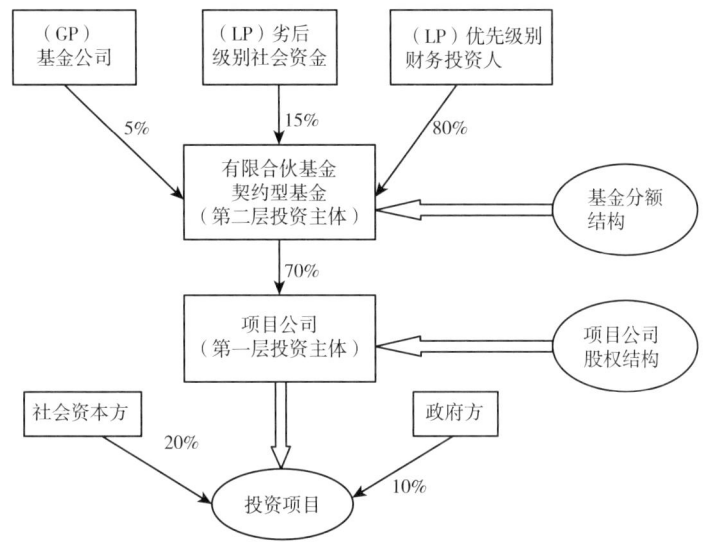

图3-4　PPP基金的股权交易结构

数据来源：课题组整理。

自参与PPP项目投资以来，险资主要经历了三种形式的发展（如表3-1），继债权性资金投资、参股PPP项目公司为主的投资模式后，基于PPP基金的灵活性和普遍性，目前PPP基金成为主要的投资模式。

表3-1　　　　　　　　保险机构投资PPP项目的主要模式

参与模式	模式一： 为PPP项目提供债权性资金	模式二： 参股PPP项目公司	模式三： PPP产业基金
参与方式	保险资金对PPP项目进行债权投资	• 保险资金可以作为社会资本，以直接股权投资的方式参与PPP项目； • 保险资金还可以通过明股实债方式参与PPP项目公司	保险资金认购PPP产业基金优先权有限合伙份额，社会资本方或政府平台公司认购基金的劣后权有限合伙份额

续表

参与模式	模式一： 为 PPP 项目提供债权性资金	模式二： 参股 PPP 项目公司	模式三： PPP 产业基金
模式特点	PPP 项目具有较高比例的债务融资需求，通常债务融资可达项目总投资的 70%~80%。 债权投资也是保险资金投资 PPP 项目的重要渠道	针对建设运营风险很低，能确保产生稳定的现金流回报且收益率达到保险资金要求的 PPP 项目	PPP 产业基金可以股权或债权等方式投资一个或多个 PPP 项目公司
增信安排	在附带追索权模式中，一般由地方政府融资平台或施工运营企业为保险资金的债权提供担保	真股投资：项目现金流； 明股实债：通常约定由社会资本方对保险资金持有的这部分股权收益进行差额补足并到期回购	社会资本方一般还会通过股权回购或差额补足等方式对保险资金的退出及本息偿还提供保障

数据来源：课题组整理。

（3）股债结合

结合 PPP 项目对股权资金和债权资金的需求量，以及保险资金在不同时期参与 PPP 投资对风险和收益的要求，可以将股权与债权结合起来进行投资。目前最具有可操作性的股债结合方式，是直接或通过 PPP 基金以股权形式投资于项目资本金，同时向项目公司提供债权融资。若股权部分有施工、运营或者代表政府出资的平台公司的回购承诺，则能够较好地隔离项目风险。

在 PPP 项目全生命周期的不同环节中，现金流的特点和风险收益必然不尽相同，这也对资本性质的匹配和融资方式的选择提出了不同的要求。从风险角度来看，PPP 项目的前期将经历漫长和充满不确定性的准备和谈判过程，甚至有夭折的可能，建设期将经历多种风险和突发事件并存的不确定性；相较而言，运营期的进展较为稳定，投资方承担的风险相对较小，可以最大限度地满足保险资金对投资安全性的要求。因此，保险资金除了可以采取在一级市场对 PPP 项目的直接投资外，也可在运营期借助二级市场购买与 PPP 项目关联性较高的金融产品，实现对其的间接投资。具体操作方式包括：投资 PPP 运营主体发行的股票、债券，或依据项目未来现金流发行的项目收益债券和资产证券化产品，例如购买 PPP 项目收益债，购买上市的 PPP 项目公司股票，购买 PPP 资产证券化产品，亦可对 PPP 相关的股票债券投资组合的基金进行投资。目前，市场上的保险资金尚未尝试购买 PPP 项目收益债、PPP 项目公司股票等金融产品来间接投资 PPP 项目。但本文预计，随着围绕 PPP 二级市场的建设以及 PPP+ABS 模式的不断推广，不久之后将会出现更多的间接投资机会与推进案例。

长期来看，结合 PPP 领域的宏观政策环境、监管机构的政策支持、行业互助自律及机构投资能力建设、PPP 项目推进的市场效率以及可操作性等维度，审视保险资金参与 PPP 的项目路径，本文认为，保险资金通过投资 PPP 产业基金（含政府引导基金）优先级份额参与 PPP 投资，为未来主要的直接投资模式。无论与保险机构合作成立专项基金的对手方是施工企业等社会资本方，还是地方政府或其指定的主体，其核心均是应用专项基金投资于 PPP 项目，解决 PPP 项目对股权性资金的融资需求，促进 PPP 项目的落地率。根据《国务院关于 2017 年度中央预算执行和其他财政收支的审计报告》，中国政企合作投资基金 2016 年 3 月成立，截至 2017 年底到位资金中有 639 亿元（占 88.7%）未投资项目，而用于购买理财产品。因此，如何实现 PPP 基金与 PPP 项目的合理对接，提升 PPP 基金的项目投资效率也是未来需要关注的问题。在资金补给方面，通过提升杠杆率存进地方政府筹集建设资金，聚集较大的投资额度，有利于发挥地方政府在项目储备方面的优势，对接一揽子项目，使投资效率得到提升，目前市场的需求逐渐增大。在风险控制方面，通过结构化设计引入施工单位等社会资本方作为劣后级或优先级，缓释 PPP 项目风险；同时，由施工或运营单位向保险资金提供差额补足和回购增信，能够减少保险资金承担 PPP 项目的固有风险。

在保险业可运用资金余额不断增长而优质资产荒频现的形势下，保险资金逐渐关注到 PPP 领域的投资。二者存在天然的契合点，同时也存在不容忽视的关注点。具体来看，一是投资期限匹配，PPP 融资需求以长期为主；而保险资金中寿险部分一般投资期限可长达 10~30 年，因此相比银行及其他机构，保险资金投资 PPP 项目基本不存在期限错配风险。二是风险偏好匹配，保险资金本身风险偏好就比较低；而 PPP 普遍具有政府信用背书，同时还有提供必需公共产品或服务的现金流入保障，因此相比其他投资，保险资金投资 PPP 项目更具安全性。三是收益匹配，保险资金投资时最关注资金的安全性，对投资收益的要求较为适中；而 PPP 项目既不允许暴利又可保证相对适中稳健的资本回报率，具有长期稳定的现金流，与保险资金的收益率诉求一致。四是互惠互利，保险资金参与 PPP 投资，有助于引导更多的民间资本投向基础设施建设等领域，能有效补充基础设施

保险资金参与 PPP 项目：风险管理与退出机制

建设短板，并降低政府债务杠杆；而 PPP 建设不仅给保险资金提供了合理稳定的收益率，同时可在过程中销售工程保险、大病保险及农业保险等，获取保费收入，推动保险主业的增长。由于 PPP 项目强调社会资本和政府资本的收益共享、风险共担，使得保险资金作为资金方的同时，要履行区别于其他投资的主动进行风险识别和承担的责任，这是在保险资金参与 PPP 项目投资高度契合中的重要关注点，要求保险资金在投资时主动做出风险识别和进行高效的风险管理。

第 4 章
我国保险资金参与PPP项目的风险管理

政府和社会资本合作的PPP模式，作为地方政府融资、进行基础设施建设、推动地方经济发展的新选择，受到地方政府广泛的重视与欢迎，各种形式的PPP项目在全国落地开花，如火如荼。同时，随着经济增长到达一定阶段，伴随着经济增速放缓的"资产荒"的出现，国家鼓励金融资本支持实体经济，各地政府对PPP项目的热情升温，金融机构也逐渐开始关注PPP项目。虽然PPP项目在部分领域已有几十年的试点经验，不乏成功案例，但总体来说，PPP项目在我国仍属于新生事物，政府和企业普遍缺乏相关经验，而PPP项目本身较为复杂，涉及项目选择、评估、招标、融资、建设、施工、运营、移交、验收等多方面和多种主体，由此带来的风险也存在于PPP项目的各个阶段。可以说，不同的风险贯穿和伴随于PPP项目的不同周期。特别是在现阶段，地方政府、企业对PPP的本质和作用还存在理解上的偏差和不足，对于什么情况下、什么项目才适用PPP理解和掌握的并不透彻，存在单纯将PPP作为一种解决地方开展基础设施建设却财力不足问题的一种手段的现象,这其中亦隐藏着一定的风险。因此,对 PPP 可能遭遇的各种类型风险进行梳理,研究如何采取相应措施有效识别、预防和应对风险,以及如何在参与主体之间分担风险,对于保险资金探索参与 PPP 项目具有理论和实践的双重意义。

4.1 保险资金参与PPP项目的风险分析

对我国的PPP项目进行回顾总结并适度展望可以发现，PPP的自身属性决定了其主要投资于基础设施建设和公共服务领域，同时也决定了其最适宜匹配那些资金规模大、资金使用期限和回报周期长的投资。对资金规模和期限的要求，使得包括国有资本在内的众多社会资本望而却步，在现实情况下难以找到风险和收益均衡匹配的路径参与到PPP项目投资中去。与此同时，众多金融机构的资金也对这场PPP盛宴饱含热情，尝试以各种途径积极参与到PPP项目投资中来。据前文所述，保险资金以其与PPP资金需求的高度契合性具有得天独厚的参与优势。但正是在这种优势与机遇并存的情况下，保险资金更加不能忽略在PPP项目投资中存在的挑战与风险。充分认识到项目存续的较长周期内的风险种类及各自特点，相应作出恰当的风险管理与防范，是保险资金在参与PPP项目投资中的必要工作。

4.1.1 保险资金参与PPP项目的风险特殊性

我们将保险资金在投资过程中出现的、导致投资收益未达预期或出现损失的可能性，称之为"风险"。进行PPP项目投资，除具备一般项目的常见风险外，还具有其特殊性。

一是风险的阶段性。一个完整的PPP项目周期普遍经历多个阶段，初步可划分为项目设立期、建设期、经营期、移交期等阶段，甚至还可以划分为更为细致的阶段。由于各个阶段的目标和责任具有各自的特点，因此面临的风险因素以及可能受影响的程度存在差异，故每个阶段面临的是不同风险的影响组合。这是与保险资金进行其他投资活动最主要的区别，亦对投资风险的整体管控提出了更高的要求。

二是风险的复杂性。保险资金参与PPP项目投资的风险复杂性，主要表现为参与主体的复杂性和风险分担机制的复杂性上。投资过程中的任一风险因素，常会关系到政府和社会资本的多个参与主体，引致的损失也会由多方进行分担，又会涉及项目权利与义务的明确等问题。因此，在其保险资金投资的整个周期内，风险因素之间的关联比较复杂，存在风险因素交叉影响的可能性，导致出现更多层次的风险，这也是保险资金参与PPP项目投资面临的风险特征之一。

三是风险的转换性。这一特征也是源于PPP项目的多阶段特征，随着不同阶段的变换，风险所置于的环境产生变化，并未在上一阶段被视作主要风险点的风险，可能会成为新阶段的主要风险，对保险资管机构对风险关注焦点的灵活转换能力提出了更高的要求。

此外，在参与PPP项目时还面临着一些特殊的现实问题，这些问题都有可能会对资金投资（包括保险资金投资）的安全与效率带来一定的风险。

（1）PPP招标和施工合同两标合一标的问题

按现在的政策，PPP项目需要由政府通过公开招标、邀请招标、竞争性谈判、单一来源采购方式开展采购，政府通过公开采购后，如果PPP项目还需要进行建设施工的，需要不需要对施工方再进行招标，成为业界和实操中的一个问题。

依据《中华人民共和国招标投标法实施条例》（中华人民共和国国务院令第613号），已通过招标方式选定的特许经营项目投资人依法能够自行建设、生产或者提供可以不再进行招标，但前提是通过招标方式选定，并且是特许经营项目，且投资人依法能自己建设，严格意义上讲必须三者都符合才能不进行招标（即所谓的二次招标），而按相关的法规，单项工程200万元以上、综合工程3 000万元以上的都要进行招标。为了解决二次招标的问题，财政部《关于在公共服务领域深入推进政府和社会资本合作工作的通知》（财金〔2016〕90号）也做出规定，对于涉及工程建设、设备采购或服务外包的PPP项目，已经依据《政府采购法》选定社会资本合作方的，合作方依法能够自行建设、生产或者提供服务的，按照《招标投标法实施条例》第九条规定，合作方可以不再进行招标。但财政部的规定自相矛盾，因为按《政府采购法》进行采购的方式不只是招标一种，也有非特许经营的项目，但按《招标投标法实施条例》仅限招标方式一种方式,且仅限特许经营一种模式,所以财政部引用《招标投标法实施条例》规定可以不再进行招标,从政策规定上并没有解决问题。

按照《招标投标法》,大型基础设施、公用事业等关系社会公共利益、公众安全的项目,全部或者部分使用国有资金投资或者国家融资的项目必须进行招标。依据《工程建设项目招标范围和规模标准规定》(国家计委令第3号)使用国有资金投资项目的范围包括:①使用各级财政预算资金的项目;②使用纳入财政管理的各种政府性专项建设基金的项目;③使用国有企业事业单位自有资金,并且国有资产投资者实际拥有控制权的项目。同时,该规定也对关系社会公共利益、公众安全基础设施、公用事业的范围进行了明确。按此规定,需要招标的公用事业和基础设施几乎包括了所见的所有内容。

但换个角度看,目前的工程招投标制度已经广受行业诟病,设计招标制度的目的是保证工程质量,并防止工程腐败及控制工程成本。但招标的最低价中标机制,造成很多工程在投标时压低工程造价中标,中标后为了获得工程利润又偷工减料,造成工程质量低下,甚至层层转包,造成工程质量屡屡出问题。而有些专业的工程施工,除了专业的施工单位外,其他单位又没有更好的建设施工能力,如核电站的施工,所以招标对提高工程质量并起不到多少作用。另一方面,工程领域的腐败也没有因招标制度而减少,所以业内对招标制度的存废一直存在不同意见。从控制成本的角度,如果施工单位有能力自行施工,或其系统中有配套的分包单位和材料供应商,其自行施工反而比招标更加经济。关于成本控制,从另外一个角度讲,PPP的投标或竞争性磋商时已经由政府和社会资本方谈好了项目的回报,社会资本方施工的成本与政府或公众支付的成本是没有关联的,PPP项目的工程施工成本和成本的风险是由社会资本方承担的,并不能把施工的成本转移给政府或付费的社会公众,所以也没有必要通过招标去控制工程建设的成本。

因此,PPP项目建设成本的风险是由社会资本方承担的,PPP项目建设成本的增长并不直接影响政府和社会公众承担的PPP项目的成本,从经济的角度看,PPP项目的建设施工并不需要招标。

从法律政策上看,鉴于上述招标制度存在的问题,很多地方已经出台地方性的法规,对于使用非国有资金的项目,业主方(建设单位)可以自行决定是否招标。

从管理的角度,财政部、国家发展和改革委员会、交通运输部等(统称

"政府方")选择社会资本方无论是通过招标还是竞争性谈判、竞争性磋商,只要政府方履行了规范的采购程序,政府方就没有违规,项目采购也是有效的,采购完成后,获得PPP项目的社会资本方,无论是央企、国企或民企,其是否再进行二次招标,都不涉及政府方违规的问题。即使存在违规的问题,也是社会资本方违规,而不是政府方在PPP采购程序中违规,不影响PPP合同的效力和履行,也不会对政府方具体参与人员造成行政上的责任。而按目前最高人民法院关于工程是否进行招投标的司法解释看,法院对于施工合同效力的判断,首先的标准是工程质量是否合格。工程质量经验收合格的,即使未经过招投标程序导致合同无效,也可以按合同约定结算工程价款,所以工程质量合格的,工程施工合同无效对工程价款的结算并没有影响。再者,在PPP项目中,工程价款的结算和支付是社会资本方的责任,工程价款的高低对政府方是没有影响的。所以很多PPP项目工程施工没有进行招标,对于社会资本方也没有太多不利影响。如果是社会资本方系统内的施工、分包企业,对于社会资本方更是没有不利影响,其实还有很多便利和经济利益。

如果建设施工合同未进行招标,目前的影响是,按《房屋建筑工程和市政基础设施工程竣工验收备案管理暂行办法》的规定,工程竣工备案的,需要提交施工许可证号,而办理施工许可证的前提是通过招投标确定了施工单位,所以很多基础设施如果没有招标,可能会影响工程的验收备案,而不备案工程的手续就不完备,可以影响后期的投入运行等。由于我国各地政府对政策的掌握程度不一,所以,关于建设施工是不是需要招标,要咨询当地政府看是否影响今后的验收备案,这才是PPP项目建设施工是否进行招标的关键问题。当然,有些项目,由于所属行业主管部门不同,不需要验收备案,那建设施工合同不招标可能对项目后续就没有影响,这要考查具体的行业规定和各地政府的地方性法规和操作实务。

(2)土地出让与PPP项目谈判合并实施的问题

考虑到很多PPP项目收益率达不到正常的资本回报水平,财政部颁布了《关于规范政府和社会资本合作合同管理工作的通知》(财金〔2014〕156号),制定了《PPP项目合同指南(试行)》。该指南提出,政府可以授予项目周边的土地、商业等开发收益权等方式,有效降低项目的建设、运营成本,提高项目的整体收益水平，确保项目的商业可行性。财政部在《关于联合公布第三批政府和社会资本合作示范项目加快推动示范项目建设的通知》（财金〔2016〕91号）中也提出："依法需要以招标拍卖挂牌方式供应土地使用权的宗地或地块，在市、县国土资源主管部门编制供地方案、签订宗地出让（出租）合同、开展用地供后监管的前提下，可将通过竞争方式确定项目投资方和用地者的环节合并实施。"国家发展和改革委员会在《传统基础设施领域实施政府和社会资本合作项目工作导则》（发改投资〔2016〕2231号）也提出，如果项目建设用地涉及土地招拍挂，鼓励相关工作与社会资本方招标、评标等工作同时开展。在此之前，针对铁路建设《国务院办公厅关于支持铁路建设实施土地综合开发的意见》（国办发〔2014〕37号），但有关的政策都没有国土资源部的共同认可，各部门出台的"通知"，并不具有可执行性。直到国土资源部发布了《产业用地政策实施工作指引》（国土资厅发〔2016〕38号）才回应规定。根据国办发〔2015〕42号文等，采用政府和社会资本合作方式实施项目建设，相关用地需要有偿使用的；通过招标方式确定新建铁路项目投资主体和土地综合开发权中标人的，可将竞争方式确定项目投资主体和用地者的环节合并实施。

但依据《招标拍卖挂牌出让国有建设用地使用权规定》（国土资源部部令第39号）的规定，土地出让需要经过招标、拍卖、挂牌，而且要求不得设定影响公平、公正竞争的限制性条件。另外，土地招标要求投标人不得少于3人，少于3人的，出让人应当终止招标活动，还需要缴纳保证金。这些都与PPP的招标在程序上存在不一致的地方，如何合并实施存在操作上的问题。

国土资源部招拍挂规定中不得设定限制性条件的规定，能否禁止不做PPP项目的公司单独参与土地招拍挂，采用土地招标合并实施的实质目标是为了授予社会资本方项目周边的土地、商业等开发收益权，这样的授权是补贴性质的，自然要低价格出让土地给社会资本方，如果以市场价格出让，那就失去了补贴社会资本方，提高PPP项目收益的意义。但从另外一个方面来看，当土地价格较低时，能否禁止非PPP的社会资本方参与土地拍卖？单纯参与土地拍卖的公司以高出PPP项目社会资本方的报价，国土资源部门能否拒绝出让？所谓的"合并实施"在操作中还是存在很大问题的。另外，按国有土地出让收入收支两条线的规定，国有土地使用权中标方，需要向财政部门缴纳土地出让金才能取得国有土地使用权证，而且各地的土地都有土地成本和拍卖的最低限价，即使PPP项目的社会资本方以底价取得土地,也不是无偿取得,所以土地收益的补偿作用是有一定限制的。

对此我们提出另外的解决方案,即依据财金〔2014〕156号政府可以以提供优惠贷款、贷款贴息、投资入股的方式等政策,把政府土地出让的收入作为政府投资入股的资金,而不再强行把两个招标程序合并实施。按照《国务院办公厅关于规范国有土地使用权出让收支管理的通知》(国办发〔2006〕100号)和《国有土地使用权出让收支管理办法》(财综〔2006〕68号)的规定,土地出让收支全额纳入地方政府基金预算管理,纳入政府基金管理的土地出让收入,除了再用于土地储备之外,只要列入地方政府的预算,是可以由政府安排作为其他项目支出的;如果政府把土地出让金作为政府对PPP项目公司的投资入股的资金,是符合预算法的规定的。PPP的本意就是政府和社会资本合作,我国的政策约束是政府出资不得超过项目公司股权比例的49%。如果政府以土地出让收入向PPP项目公司出资,是可以把除了上缴的土地出让收益之外的资金用于出资的。

这样做,首先把PPP项目的招标或采购过程与土地出让招标分开,避免了两个程序的冲突和不协调造成的麻烦。土地出让后的收入,完全按政府和财政系统的规定使用,不必再与国土资源部门再发生关联,只要遵循财政部门的政策和规定即可。如果土地市场比较平淡,PPP项目公司可以取得土地,等项目周边的配套做好后,再获得土地开发商业的收益;如果土地出让市场比较红火,土地竞拍者众多,政府可以以比较高的价格向土地市场参与者出让土地,以土地出让收入投入PPP项目公司弥补PPP项目收益的不足,而不必强行"劝退",也避免了违法违规的风险。另外,这样操作是把土地出让收入按财政预算的安排使用,并不违反财金〔2016〕91号中"PPP项目的资金来源与未来收益及清偿责任,不得与土地出让收入挂钩"的规定。

(3) 国有资产转让的问题

在PPP项目中既有新建、改建项目,也有盘活存量资产的项目,在113号文中对存量项目的操作方式解释为转让—运营—移交(Transfer-Operate-Transfer,TOT),是指政府将存量资产所有权有偿转让给社会资本或项目公司,并由其负责运营、维护和用户服务。《财政部关于印发政府和社会资本合作项目财政管理暂行办法的通知》(财金〔2016〕92号),提到存量PPP项目中涉及存量国有资产、股权转让的，依法进行资产评估，防止国有资产流失。在财办金〔2017〕92号中，涉及国有资产权益转移的存量项目未按规定履行相关国有资产审批、评估手续的PPP项目不得入库，入库的要予以清退。2017年7月3日，国家发展和改革委员会发布了《关于加快运用PPP模式盘活基础设施存量资产有关工作的通知》（发改投资〔2017〕1266号），为更好运用PPP模式盘活基础设施存量资产，提出通过转让—运营—移交（TOT）、改建—运营—移交（ROT）、转让—拥有—运营（TOO）、委托运营、股权合作等多种方式，将项目的资产所有权、股权、经营权、收费权等转让给社会资本。该通知也指出，存量资产盘活要符合国有资产管理等相关法律法规，要做好尽职调查、清产核资等前期工作，合理确定国有资产公允价值，既要防止国有资产流失，也要保障社会资本方合法权益。但以上规定对于存量PPP项目中如何与国有资产管理与转让的规定衔接没有明确，而且有关文件对经营权、收费权的提法也没有法律上的依据，所以在某些项目中，就出现了以经营权TOT方式进行运作。

我国《国有资产管理法》规定，国有资产转让应当在依法设立的产权交易场所公开进行。转让方应当如实披露有关信息，征集受让方；征集产生的受让方为两个以上的，转让应当采用公开竞价的交易方式。《企业国有资产交易监督管理办法》（国务院国资委令第32号）又规定了企业产权转让、增资导致国家不再拥有所出资企业控股权的、转让企业资产的，都需要经过产权交易所公开进行，并经过资产评估。虽然在法院的判决中，法院认为，关于国有资产转让应当进行评估、批准等程序的规定，系对履行出资人职责的机构及相关人员行为的规范，是法律对国有资产管理者课以的义务，要求管理者审慎地履行自己的职责。上述规定均属规范内部程序的管理性规定，而非效力性强制性规定，不应影响国有企业与第三人签订合同的效力。但我国《刑法》规定，低价出售国有资产的，构成《刑法》上的犯罪，所以没有经过资产评估、没有经过产权交易所公开转让国有资产的法律风险还是相当高的。

在对TOT法律关系界定的合同表述上，经营权并不是一个严格的法律术语。法律术语的作用是能事先界定，并能让社会公众明确、清楚地表达交易各方的权利义务，而非法律术语无法达到这样的效果。如我国改革开放初期制定的《全民所有制工业企业承包经营责任制暂行条例》并没有对承包经营以法律"权利"的形式作为明确界定，只规定了企业经营者的年收入，视完成承包经营合同情

保险资金参与 PPP 项目：风险管理与退出机制

况，可高于本企业职工年平均收入的一至三倍，贡献突出的，还可适当高一些，所以才导致企业的经营者心理上的不平衡。另外，权利应该是经法律才能确定的，法规、规章、通知等政策也不能规定一项法律权利，"经营权"的提法将来会在实务中出现很多问题。

关于"收费权"也是一个有争议的提法。收费权的提法最早出现在《国务院关于收费公路项目贷款担保问题的批复》（国函（1999）28 号）中，《公路法》《收费公路管理条例》《公路经营权有偿转让管理办法》也有体现，相似的还有电网收费、污水处理费等。关于收费权的性质，有特别法上的权利，行政许可产生的权利，债权、无形资产、不动产收益权等说法。仔细分析其实收费权有两种层面的法律关系：一是收费权人，即公共基础设施的经营管理者，与所有权人，即国家之间的权利义务关系，应该是行政许可的权利；二是收费权人与此类设施的使用者之间的权利义务关系，应该是一种民事服务合同行为，是已经确定的公共服务或基础设施使用的合同权利或预期会签订合同的一种期待。第二个层面的民事权利，只有公共服务或基础设施的运营者提供服务后才能产生，不适宜转让。第一个层面的权利是行政许可产生的，其权利人具有特定性，不能转让，而且这是一项行政法上的权利或资质，并不能由民事合同进行转让。当然在开展 PPP 项目的时候，特许经营权可以在签订 PPP 合同或 BOT 合同后，由行业主管机关授权，但并不是由政府转让收费权给 PPP 项目的社会资本方。

另外也应注意到，我国法律，包括物权法，对很多财产的物权或所有权进行了规定，但同时对很多财产尤其是公共设施、基础设施并没有做出规定，如城市道路、地下管网、电网、供水污水管道等都没有规定权利归谁，也没有资产登记（物权公示制度）。我国《公路法》对普通公路、高速公路只规定了由交通部门进行管理，没有使用谁做"国有资产"代表人这样的表述，只有收费公路的收费权有登记，公路本身没有资产登记。由于很多财产或"资产"是没有物权和转移登记的，所以无法进行转让。

对于解决国有资产转让与 PPP 项目采购程序协调的方式，建议对于有物权登记的可以采取租赁的方式。一是考虑目前对于国有资产管理的法规没有要求租赁需要经过产权交易所公开转让；二是按《合同法》的规定，买卖不破租赁的原则，租赁的法律关系事实上是比较稳固的，而且租赁法律关系是《合同法》非常明确的内容，交易各方的法律关系比较好确定，不容易有太多不确定的法律纠纷。对于没有物权登记的资产，包括地下管网等，如果涉及特许经营的，可以由主管的政府部门授予特许经营权。目前的法律法规对特许经营权并没有按国有资产进行管理（当然鉴于特许经营的性质也不会按有形的国有资产进行管理），不需要经过国有资产转让的程序，而从法律上所谓的资产也没有转移，也不会造成国有资产流失，只需要进行事实上的有形资产移交就可以，在 BOT 或 PPP 结束时，再移交给主管部门即可。

（4）多个程序并行的问题

对于 PPP 的采购等流程，财政部在财金〔2014〕113 号即 PPP 操作指南中提出 PPP 整个流程有识别、准备、采购、执行和移交等，PPP 采购可以采用公开招标、邀请招标、竞争性谈判、单一来源采购方式，后来财政部又颁布了 214 号文和 215 号文，对 PPP 政府采购的程序和竞争性磋商又进行了更细化的规定。国家发展和改革委员会 2724 号文只笼统规定了 PPP 要经过前期评估论证、实施方案编制、合作伙伴选择、项目合同签订、项目组织实施以及合作期满移交的程序，对于采购也只规定按照《招标投标法》《政府采购法》等法律法规，通过公开招标、邀请招标、竞争性谈判等多种方式，公平择优选择。直到发改投资〔2016〕2231 号文件，国家发展和改革委员会才对 PPP 的流程和采购程序做了较细的规定，但国家发展和改革委员会的政策并没有物有所值和财政承受能力论证。而且《招标投标法》和《政府采购法》在适用范围和程序上也不完全一致。

于 2015 年 6 月 1 日起施行的《基础设施和公用事业特许经营管理办法》（六部委第 25 号令）对于 BOT 的程序也规定了通过招标、竞争性谈判等竞争方式选择特许经营者，但与财政部和国家发展和改革委员会规定的程序并不完全一致。交通运输部发布的《关于在收费公路领域推广运用政府和社会资本合作模式的实施意见》（财建〔2015〕111 号），虽然内容并不多，但结合《公路工程建设项目招标投标管理办法》等行业性规定，与其他项目的采购程序相比又有其独特的地方。2015 年 12 月，交通部印发《关于印发〈收费公路政府和社会资本合作操作指南（试行）〉的通知》（交办财审〔2015〕192 号），第二十六条规定社会资本确定后再向项目核准（审批）机关报送项目核准（审批）材料，但这是与 2231 号文件即《PPP 导则》项目审核、核准和备案先行的规定不一致。因此，国家发展和改革委员会、交通运输部联合印发《关于进一步做好收费公路政府和社会资本合作项目前期工作的通知》（发改办基础〔2016〕2851号）文件，将流程改革为项目审批或核准先行，然后完善PPP项目实施方案，完成物有所值和财政承受能力两个论证，并由有关部门对项目实施方案进行联合评审，再确定社会资本方。项目法人选择确定后，如与审批、核准时的项目法人不一致，则按有关规定办理项目法人变更手续。这样就解决了国家发展和改革委员会2231号《PPP导则》与交通运输部门文件的冲突。但也能看出来，由于各部委纷纷出台自己的规定，而且以往各部委的主管范围各不相同，基于各自的管理方式，各自制定了相应的管理体系，形成了各自的特点，相互有冲突或不协调在所难免。

在这种情况下，涉及部门交叉的程序应该如何处理？我们认为，如果能兼顾当然最好，但每个部门的程序都采用也显然不现实。在不能兼顾的情况下，按目前的政策，还是应该有物有所值评价和财政承受能力论证。在有两个论证的前提下，如果项目付费方式属于政府付费或政府提供缺口补助的，要尽量采用财政部规定的流程，并入财政部的项目库。因为《关于规范政府和社会资本合作综合信息平台运行的通知》（财金〔2015〕166号）要求，未纳入综合信息平台项目库的项目，不得列入各地PPP项目目录，原则上不得通过财政预算安排支出责任。即如果未按财政部的流程开展PPP项目，会遇到政府支付的障碍。另一方面，按国家发展和改革委员会2231号文件的要求，入库情况将作为安排政府投资、确定与调整价格、发行企业债券及享受政府和社会资本合作专项政策的重要依据。交通运输部门对符合《车辆购置税收入补助地方资金管理暂行办法》要求的收费公路PPP项目，可按照交通运输重点项目资金申请和审核规定，申请投资补助。而按2015年192号文的规定，申请车辆购置税补助的，除了项目实施方案、物有所值评价和财政承受能力论证等材料外，还要有通过专家预审查的工程可行性研究报告。所以在操作过程中要注意各部门PPP流程的不同要求，有倾向性地关注一些重要的程序，以避免在实施过程中形成障碍。但需要强调的是，无论采用哪种方式来签订PPP合同或入哪个库，都必须符合一种采购方式，不能因程序不合规导致PPP合同无效。

（5）明股实债的问题

可以说政府与社会资本合作的政策就是为了进行财税体制、解决地方政府债务而推出的。国务院《关于加强地方政府性债务管理的意见》（国发〔2014〕43

号）发布于 2014 年 9 月 21 日，而财政部财金〔2014〕76 号发布于 2014 年 9 月 23 日，后续财政部的文件包括《政府和社会资本合作项目财政管理暂行办法》〔2016〕92 号文、财预〔2017〕50 号文、财预〔2017〕87 号文，一直反复强调不得变相举债、增加政府债务，不由政府提供担保，不得由政府做回购承诺等，总之采取各种手段防止增加政府债务。

但目前参与 PPP 项目市场的社会资本方更倾向于政府付费项目，千方百计把付费的责任加给政府方，运用各种手段搞结构创新，最终还是让政府承担支付责任，所以各地方 PPP 主管部门释放出收紧政府付费类 PPP 项目的信号。如浙江省发改委发布了传统基金设施领域 2017 年 PPP 项目示范，明确要求：审慎开展完全依赖财政支出的政府付费项目，降低 PPP 项目对政府付费的依赖。江苏财政厅也提出，对于无现金流、完全政府付费的项目从严从紧控制。财办金〔2017〕92 号更是提出，审慎开展政府付费类项目，并对把包装成 PPP 项目的拉长 BT 项目，要求项目建设成本不参与绩效考核，或实际与绩效考核结果挂钩部分占比不足 30%，固化政府支出责任的不得入库，已入库的要清理出库。

所以各市场参与方要明确政府实施 PPP 政策的目的是什么，不能自作聪明搞所谓的"创新"。PPP 项目还没有法律层面的上位法规定，政策正在摸索中不断进行修正，强调防止增加政府债务是非常明确的政策目标，任何搞上有政策、下有对策，利用现在政策上的漏洞制定各种明股实债的，都会被后续的政策制止，而且政策具有追及既往的特点（事实上也不属于追及既往，因为 43 号文包括《预算法》等对不允许政府举债已有明确规定，后续政策只是对以前的政策三令五申、不断明确）。

目前，关于最低需要量风险由政府承担的规定还未出现新政策，但很多 PPP 项目从当地社会需要和经济发展来看，并没有太多建设的必要。由于政府承担最低需求的风险，只要付费的单价在一个合适的区间，政府对最低需要的保证，实质上也就是政府承担了项目收益的保证，将来也会形成一种政府的隐形负债。目前的物有所值评价是对比公共服务或基础设施项目是由政府负责运营还是由社会资本负责运营哪个更经济；财政承受能力论证是从政府支出占一般公共预算支付比例的角度，考查政府的支付承受能力，并没有一个标准和指标从当地社会需要和经济发展的角度考查拟建设的 PPP 项目对当地是否必要，从 PPP 项目的成本（包括政府支付和社会公众支付及其他的间接支出、隐形支出）与 PPP 带来的收益对比的角度考查拟建项目是否必要。当某个 PPP 项目的收益明显小于其带来的效益时，该 PPP 项目的建设不是促进当地社会和经济发展，而会对当地造成负担，可能阻碍或迟滞当地的发展。在很多使用者付费项目上，使用者付费不能满足 PPP 项目的收益，明股实债的实质就是把一些本来不必要建设的项目通过政府支付而实施，实质是当地民众（通过当地财政）承担了一些不必要建设项目的成本，造成整个社会的负担。因此，不仅明股实债明显违反 PPP 政策，政府承担最低需求风险在将来也会被禁止或限制。

4.1.2 保险资金参与 PPP 项目的风险种类

概括来讲，在参与 PPP 项目过程中，保险资金面临着各种各样的风险，如果进一步细分的话，具体包括政策风险、法律风险、社会风险、融资风险、环境风险、市场风险、决策风险、建设风险、运营风险、流动性风险、信用风险等。

（1）政策风险

PPP 由于持续时间较长，涉及方面较多，适用的政策比较多、面比较广，而且政策还并不成熟，有关政策一直在变化中，导致政策的风险较高。PPP 政策风险一方面是 PPP 的政策风险，另一方面是保险资金的政策风险。

①PPP 的政策风险。在 PPP 政策方面，依据有关规定，PPP 项目要经过物有所值评价和财政承受能力论证，政府严禁通过保底承诺、回购安排、明股实债等方式进行变相融资，将项目包装成 PPP 项目。每个年度全部 PPP 项目需要从预算中安排的支出责任占一般公共预算支出比例应当不超过 10%。政府和社会资本合作期限原则上不低于 10 年。《政府和社会资本合作项目财政管理暂行办法》（财金〔2016〕92 号），严禁以 PPP 项目名义举借政府债务；项目实施不得采用建设—移交方式。政府与社会资本合资设立项目公司的，应按照《公司法》等法律规定以及 PPP 项目合同约定规范运作，不得在股东协议中约定由政府股东或政府指定的其他机构对社会资本方股东的股权进行回购安排。财政部门应根据财政承受能力论证结果和 PPP 项目合同约定，严格管控和执行项目支付责任，不得将当期政府购买服务支出代替 PPP 项目中长期的支付责任，规避 PPP 项目相关

评价论证程序。为了规范地方债务，财政部又颁布了《财政部等部门关于进一步规范地方政府举债融资行为的通知》（财预〔2017〕50号）要求，地方政府不得将公益性资产、储备土地注入融资平台公司，不得承诺将储备土地预期出让收入作为融资平台公司偿债资金来源；金融机构为融资平台公司等企业提供融资时，不得要求或接受地方政府及其所属部门以担保函、承诺函、安慰函等任何形式提供担保。

对于金融机构与政府设立基金的，50号文要求，地方政府不得以借贷资金出资设立各类投资基金，严禁地方政府利用PPP、政府出资的各类投资基金等方式违法违规变相举债。除国务院另有规定外，地方政府及其所属部门参与PPP项目、设立政府出资的各类投资基金时，不得以任何方式承诺回购社会资本方的投资本金，不得以任何方式承担社会资本方的投资本金损失，不得以任何方式向社会资本方承诺最低收益，不得对有限合伙制基金等任何股权投资方式额外附加条款变相举债。50号文首次提出了追究金融机构负责人的责任，要求对金融机构违法违规向地方政府提供融资、要求或接受地方政府提供担保承诺的，依法依规追究金融机构及其相关负责人和授信审批人员责任。按上述规定，如果在PPP项目有股东协议中约定了政府股东方的回购义务，或者在基金设立层面约定政府方对保险基金份额存在回购义务，则可能导致该条款无效。

国务院办公厅于2013年发布了《关于政府向社会力量购买服务的指导意见》（国办发〔2013〕96号）。据此，财政部在出台政府与社会资本合作有关政策的同时，也制定了《政府购买服务管理办法》（财综〔2014〕96号），提出把政府直接提供的一部分公共服务事项以及政府履职所需服务事项，交由具备条件的社会力量和事业单位承担，并列出了政府购买服务的指导目录，主要是公共教育、劳动就业、人才服务、社会保险、社会救助、养老服务、儿童福利服务、残疾人服务、优抚安置、医疗卫生、人口和计划生育等公共服务和社会管理性服务和行政管理与协调服务等，并没有太多涉及建设内容和基础设施。政府购买服务也采用公开招标、邀请招标、竞争性谈判、单一来源采购等方式确定承接主体，但不需要物有所值评价和财政承受能力论证，没有一般公共预算支出10%的限制，所以在PPP模式禁止BT等模式的时候，很多机构把包括建设内容和BT、土地前期整理项目包装成政府购买服务的形式，搞"创新"。

为防止将PPP项目包装成政府购买服务的形式，财政部又发布了《关于坚

保险资金参与 PPP 项目：风险管理与退出机制

决制止地方政府以购买服务名义违法违规融资的通知》（财预〔2017〕87号文），对一些地方违法违规扩大政府购买服务的范围、超越管理权限延长购买服务期限、加剧财政金融风险的问题提出了整改要求，指出不得将建筑物和构筑物的新建、改建、扩建及相关的装修、拆除等建设工程作为政府购买服务的内容；严禁将铁路、公路、机场等领域的基础设施建设项目，储备土地前期开发、农田水利等工程作为政府购买服务项目。关于政府购买服务从内容上主要是软性的服务内容，没有基础设施建设等硬性的内容，而且政府购买服务需要的资金，应当在预算中统筹，即应该在预算中先安排资金再进行购买服务，而 PPP 有政府支出的预算上限，很多项目政府是不进行付费或补助的，即 PPP 实施时，政府预算不提前安排资金，但如果 PPP 涉及政府付费或补助，在 PPP 实施后政府就可能形成潜在支付责任——债务，所以把 PPP 项目包装成政府购买服务又没有提前安排进预算，会造成政府新的债务风险，因此，政府禁止以政府购买服务形式做 PPP 项目。

由 50 号文到 87 号文，可以看出财政部的主要监管思路是千方百计防止出现政府潜在和隐形债务，而在 PPP 操作实务的各种"创新"，往往是想办法规避 43 号文和财政部以往一系列关于防止政府债务风险的政策，这些"创新"都会导致 PPP 项目的政策风险。财政部等部委的政策并不像法律一样有不溯及既往原则，即使已经签订的合同、发生的行为，各部委的政策也可以要求停止和整改，而且关于不得以各种形式增加政府债务的政策要求也早就出台，后续的政策包括 50 号文和 87 号文不过是对政策的解释和补充，从法律原则上也不是以新政策改变旧政策。所以，以规避原政策为目的的一些创新操作都会导致合同难以履行。

正如《关于规范政府和社会资本合作 PPP 综合信息平台项目库管理的通知》（财办金〔2017〕92 号）规定的，为了规范 PPP 操作，防止 PPP 异化为新的融资平台，坚决遏制隐性债务风险增量，要求不适宜采取 PPP 模式的；商业地产开发、招商引资的项目，仅有建设无运营内容的，没办立项审批手续的；国有资产未按规定履行国有资产审批、评估手续的；项目建设成本不参与绩效考核，或实际与绩效考核结果挂钩部分占比不足 30% 的；固化政府支出责任的项目不得入库，对入库的不规范项目要进行清理，不符合规范的〔如：财政承受能力已超过 10% 上限的，采用建设—移交（BT）方式实施的，未按时足额缴纳项目资本金、以债务性资金充当资本金或由第三方代持社会资本方股份的，构成违法违规举债担保〕要清理出库。而按前边的有关政策，涉及政府支付的，不入库不能安排资金支付，所以如果 PPP 项目操作中的违规行为被清理出库，可能就无法获得政府的支付，导致项目不能继续实施的风险。

从程序的角度来讲，还有 PPP 采购、招标的程序性规范。由于我国目前的建筑市场普遍存在招投标程序走形式的情形，存在很多工程先进场施工再补招投标手续的现象，由于很多 PPP 项目包括大量建筑施工内容，这一问题也传染到了 PPP 领域，很多 PPP 项目也是先进场施工再补办有关程序。不符合程序性规定的 PPP 项目可能因此而导致中标无效。目前已经出现一些项目为了尽快介入而忽略了采购程序，没有招投标，领导离任后新领导要求重新采购的问题。

②保险资金投资的政策风险。在保险资金本身的合规性方面，《保险资金间接投资基础设施项目管理办法》（保监会令 2016 年第 2 号）要求投资计划投资的基础设施项目应该符合国家产业政策和有关政策；项目立项、开发、建设、运营等履行法定程序；融资主体最近 2 年无不良信用记录；不得投资于国家明令禁止或者限制投资的；国家规定应当取得但尚未取得合法有效许可的；主体不确定或者权属不明确等存在法律风险的；融资主体不符合融资的法定条件的不得进行投资。

原中国保监会《关于保险资金投资政府和社会资本合作项目有关事项的通知》（保监发〔2017〕41 号）要求投资 PPP 项目还应当符合以下条件：属于国家级或省级重点项目，已履行审批、核准、备案手续和 PPP 实施方案审查审批程序，并纳入国家发展和改革委员会 PPP 项目库或财政部全国 PPP 综合信息平台项目库。承担项目建设或运营管理责任的主要社会资本方为行业龙头企业，主体信用评级不低于 AA +，最近两年在境内市场公开发行过债券。PPP 项目合同的签约政府方为地市级（含）以上政府或其授权的机构，PPP 项目合同中约定的财政支出责任已纳入年度财政预算和中期财政规划。所处区域金融环境和信用环境良好，政府负债水平较低。建立了合理的投资回报机制，预期能够产生持续、稳定的现金流，社会效益良好。

根据《关于保险资金投资有关金融产品的通知》（保监发〔2012〕91 号），保险资金投资的专项资产管理计划，信用等级不低于国内信用评级机构评定的 A 级或者相当于 A 级的信用级别。投资的金融产品，上季度末偿付能力充足率不低于 120%；投资理财产品、信托计划、资管计划的账面余额，合计不高于该保险公司上季度末总资产的30%。保险公司投资基础设施投资计划和不动产投资计划的账面余额,合计不高于该保险公司上季度末总资产的20%。投资单一资管产品的余额,不高于该产品发行规模的20%;投资单一基础设施投资计划和不动产投资计划的账面余额,不高于该计划发行规模的50%。

保险资金在投资中和其他投资主体一样,通过结构化的设计,保障资金的安全和收益。如在前边提到的粤东西北振兴发展股权基金,除项目公司资产作为偿还资金来源外,还由回购主体对保险资金的优先级提供回购承诺,并由省政府出资的粤财控股40亿元和做中银粤财出资1亿元做劣后级。

近期,监管部门发布了《关于规范金融机构资产管理业务的指导意见(征求意见稿)》,明确禁止多层嵌套和通道,禁止刚性兑付,对于保险资产通过投资基金优先级,由劣后级承担担保或差额补足的做法可能受到冲击,可能会影响保险资金的投资安全。国务院国有资产监督管理委员会《关于加强中央企业PPP业务风险管控的通知》(国资发财管〔2017〕192号),禁止引入中央企业以"名股实债"类股权资金或购买劣后级份额等方式承担本应由其他方承担的风险,要求中央企业在PPP项目股权合作中,不得为其他方股权出资提供担保、承诺收益,也会影响保险资金原来安排的保障措施。

保险资金本身的合规性要求也是防止投资风险的内在要求。一方面,由于PPP项目审批、核准、备案手续和PPP实施方案审查审批程序的复杂性,如何界定PPP项目合规进而确定保险资金的投资合规就成为一个复杂的任务。另一方面,金融监管政策的趋严,也要求保险资金在选择PPP项目的时候更看重项目本身的收益,而不是过分依赖于保障和增信措施。

(2) 法律风险

虽然目前国内的PPP项目建设热潮空前高涨,但由于起步较晚,各参与方都在不断摸索中前进,包括监管层面对相关法律规定的出台,也处于动态调整中,很大程度上会对PPP项目的正常运行和相关参与方的收益及风险产生影响。

(3) 社会风险

社会风险主要指的是PPP规划、建设及运营过程中因征地拆迁、道路受阻、文物保护、安全隐患等因素造成的社会不稳定风险。从国内外的实践经验来看,

PPP 项目的社会风险具有较大的普遍性，一旦出现并开始传播，可能引发社会不稳定因素，给社会的平衡与持续发展带来负面影响，因此，PPP 项目的社会风险应当是保险资金参与 PPP 项目时需要重点关注的风险之一。

（4）融资风险

融资风险主要指因为融资结构不合理、融资可行性等问题，导致融资成本增加，融资困难的风险。融资风险是 PPP 项目参与方尤其是社会资本方面临的比较重大的风险，在相关调查中，融资风险是 PPP 参与企业特别是民营企业关注的仅次于政府信用风险的第二大风险。PPP 项目参与方众多、投资金额大、周期长、不确定性强，对于资金的需求贯穿于项目的前期、建设、运营、移交等多个阶段。项目运营期间，如果出现经营性现金流、无法满足项目运营需要，政府补贴短期内无法到位，融资性现金流出现问题等情况，会导致项目运营困难。

（5）环境风险

环境风险主要指的是 PPP 项目建设及运营过程中可能造成的空气、水、噪音、辐射等污染隐患，可能给周边居民的生产生活带来损害。环境风险是 PPP 项目实施前应予以重点评估的风险，在实践中较为普遍。

例如，长春汇津污水处理厂由于污水处理费用的拖欠被迫停产导致数万吨污水排入松花江，最终项目被提前收购。又如，兰州威立雅水务（集团）有限责任公司因为个别自流沟超过使用期限，沟体防渗材料出现裂缝，导致含油污水渗入自流沟，对水体造成污染，导致局部自来水苯超标，带来了环境风险隐患。因此，保险资金参与 PPP 项目前应当对 PPP 项目环境风险进行充分的判断与评估。

（6）市场风险

PPP 项目的周期较长，实施过程中，因竞争、供需、融资环境、利率汇率变化等外部市场环境变化导致的风险。

①竞争性风险，亦称作唯一性风险，指 PPP 项目实施过程中，出现竞争对手，导致项目收入无法达到预期乃至无法运营的风险。由于 PPP 项目通常具有一

定的社会公共属性，具有较强的地域性，其通过提升运营水平、提高效率、降低成本等市场化手段提高盈利水平的能力有限，如果出现竞争对手，极大可能影响项目的正常运营。

以杭州湾大桥项目为例，该项目曾受到大量民间资本的追捧，项目2008年建成，起初虽然收入情况不尽如人意，但尚可勉强维持。2013年之后，受到嘉绍大桥、杭州湾第三跨海工程钱江通道相继通车，以及规划中宁波杭州湾大桥、舟山—上海跨海高速、杭州湾铁路大桥等项目影响，项目实施可谓雪上加霜，政府方不得不回购了社会资本持有的项目公司80%的股份。

②需求不足风险，是指项目在没有受到竞争性风险的影响下，会面临由于市场、人口、消费环境等因素变化，或者因为可行性分析不够全面科学，导致市场需求下降或者实际需求与预计需求存在较大差异的风险。需求预测需要很强的专业性和全面的数据支撑，在实际情况中，由于统计数据往往掌握在政府方手中，而政府因为相对缺乏专业性或者为了促成项目，对于需求预测往往偏乐观，最终容易产生需求不足风险。同时，由于PPP项目往往长达10~30年，我国经济处于高速发展阶段，各种社会、经济、环境因素变化较快，项目实施过程中容易出现需求变化。

③价格调整风险。PPP项目价格主导权往往在政府一方，有些涉及国计民生的商品价格，采取政府定价，无论是政府定价调整，或者是单方面调整合同价格，都需综合考虑社会影响、经济效益等多方面因素，履行听证等相关程序，定价往往难以完全满足企业预期，且调价程序复杂，一旦调整，短期内不会再次调整，难以及时准确反映市场情况和满足企业需求，甚至可能调价不获通过，从而对项目运营产生不利影响。还有的政府部门，在企业采取技术措施降低成本后，简单地调低约定价格，而不是就超额收益如何分配进行事先约定，抑制了企业进行技术创新和革新的积极性。

以山东中华发电项目为例，项目公司于1997年成立，计划于2004年最终建成，中华发电在已建成的石横一期、二期电厂获准了0.41元/度这一较高的上网电价；而在2002年10月，菏泽电厂新机组投入运营时，山东省物价局批复的价格是0.32元/度，这一电价不能满足项目的正常运营，导致企业收益降低难以正常运营。

而北京地铁的价格这几年也几经调整，调整前的公共交通价格为2007年制订，轨道交通价格实行全路网（机场线除外）单一票价每人次 2 元。据 2013 年路网数据统计和市发改委成本调查队监审情况，2013 年轨道交通（不包括机场线），每人次平均运距 15 公里左右，票款收入每人次 1.87 元，完全成本每人次 8.56 元，扣除洞体等土地建折旧的成本为每人次 6.98 元。2013 年北京地面公交和轨道交通人次票款收入占人次总成本的 16% 和 22%。7 年来，北京政府用于公共交通的补贴资金年均增长 19%，超过了财政平均增幅，因此北京市召开听证会，进行价格调整，制定了两种价格调整方案进行论证，并对两种方案对乘客、对公共交通和对企业的影响进行了分析；根据公共交通企业主要运营成本变化、CPI 变动因素制定了调价公式，每年对运营成本变化情况进行评估，按照公式进行测算，研究制定调价方案。

所以要在 PPP 合同中约定调价的启动条件、调价因素、调价程序等，如是根据物价水平对通货膨胀进行调整，还是约定与物价相关的调价因子。北京兴延高速等项目对调价因素和调价公式做了很好的约定。

兴延高速公路位于京藏高速公路以西，路线全长约 42.2km，最长隧道 5.7 公里，桥隧比超过 70%，项目总投资约 143 亿元。该项目的调价约定如下：

调价的触发条件：兴延高速，每三个运营年为一个调整周期，考虑居民消费指数、居民人均工资收入增长率和 5 年期银行贷款利率进行调整。

上一调价周期 3 年内，北京居民消费指数 CPI 年均增长率超过 7%，或者北京城镇居民人均工资性收入增长率超过 7%，或人民银行 5 年期以上贷款基准利率年均增长率大于 10%。

上一调价周期 3 年内，北京城市居民消费指数 CPI 年均增长率小于 -2%，或北京城镇居民人均工资性年均增长率小于 -2%，或中国人民银行 5 年期以上贷款基准利率年均增长率小于 -10%。

特许经营期终止前，上一调整周期发生运营服务标准税收等政策改变，并对之后的乙方税后利润造成持续影响，由社会方承担的损益变化部分按下一调价周期《可研报告》平均预测车流量折算为约定通行费标准的变化进行调整。

调价考虑的因素：目标公司的收益水平和高速公路使用者的承受能力，还应当综合考虑通货膨胀、物价上涨和收费管理人员工资变化。

调价公式：

$$P_n = P_{n-1} \times (1 + T_n)$$

$$T_n = (W_{n-1} - Kwage) \times 0.108 \times I_1 + (C_{n-1} - KCPI) \times 0.0898 \times I_2$$
$$+ (R_{n-1} - Krate) \times 0.174 \times I_3$$

其中：

n 是第 n 次调价。

P_n 是调整后的约定通行费标准。

P_{n-1} 是上一调整周期的约定通行费标准。

T_n 是调整系数。

W_{n-1} 是上一调整周期北京在岗工平均工资年度平均增长率。当 $W_{n-1} > 15\%$ 时，按 15% 计算；当 $W_{n-1} < 15\%$ 时，按 -15% 计算。

C_{n-1} 是上一调整周期北京城市居民消费指数年度平均增长率。当 $C_{n-1} > 15\%$ 时，按 15% 计算；当 $C_{n-1} < 15\%$ 时，按 -15% 计算。

R_{n-1} 是上一调整周期中国人民银行 5 年期以上贷款基准利率年度平均增长率。当 $R_{n-1} > 15\%$ 时，按 15% 计算；当 $R_{n-1} < -15\%$ 时，按 -15% 计算。

当 $-2\% \leq W_{n-1} \leq 7\%$，$I_1$ 为 0；否则，I_1 为 1。

当 $-2\% \leq C_{n-1} \leq 7\%$，$I_2$ 为 0；否则，I_2 为 1。

当 $-10\% \leq R_{n-1} \leq 10\%$，$I_3$ 为 0；否则，I_3 为 1。

K 为触发系数，取值如下表所示：

	KCPI	Kwage	Krate
触发条件 1	7%	7%	10%
触发条件 2	-2%	-2%	-10%

在考虑各种影响价格和收益的因素并制定相应的价格调整公式同时，也要考虑价格调整的程序性规定。我国《价格法》规定，政府对与国民经济发展和人民生活关系重大的极少数商品价格、资源稀缺的少数商品价格、自然垄断经营的商品价格、重要的公用事业和公益性服务价格，在必要时可以实行政府指导价或者政府定价。《政府制定价格听证办法》规定，定价听证目录内商品和服务价格未举行听证会的，由本级人民政府或者上级政府价格主管部门宣布定价无效并责令改正。《价格法》规定，经营者因价格违法行为致使消费者或者其他经营者多付价款的，应当退还多付部分；造成损害的，应当依法承担赔偿责任。《财政部关于印发政府和社会资本合作项目财政管理暂行办法的通知》（财金〔2016〕92

号）也规定，合同应当合理约定项目补贴或收费定价的调整周期、条件和程序，作为项目合作期限内行业主管部门和财政部门执行补贴或收费定价调整的依据，所以北京市公共交通的价格调整制定了详细的听证方案。很多失败的PPP项目把失败原因归结于政府审批的延迟，应该注意到公用事业价格的调整是一个复杂的系统工程和有复杂的程序，必须考虑到价格调整的各种因素、公众的反应等，应提前与各方沟通，消除价格调整中的不利影响。

但关于价格调整也要考虑到项目成本费用约定太高或下降的情况。如长春汇津污水处理厂项目，由于污水处理费较高导致政府违约；青岛威立雅污水处理项目污水处理价格也是在政府对市场价格不了解的情况下签订的较高价格，政府了解以后，又要求重新谈判以降低价格。同样，在廉江中法供水项目中，合同中约定每立方米自来水的起始水价为1.25元（不含原水费和增值税），并且"水价递升公式"逐年支付。水价增幅为8%~12%。按照第一年必须每日购买6万立方米水（合同约定的最低需求量）而廉江实际日供水量又仅在2.4万立方米计算，加上自来水公司的财务费用、直接人工、管理费用等，分摊到每立方米水中的成本就高达4.58元，而根据当时自来水的平均销售价格1.55元计算，第一年廉江自来水公司就要亏损2 400多万元。如达到每日6万立方米，每立方米成本为1.83元，仍高于当地价格0.28元。由于没有一个价格调整的约定，而双方的预期又有较大差距，导致出现纠纷。

④利率、汇率、通胀风险，是指因利率、汇率的不确定性，以及物价上升导致成本增加给项目造成损失的风险。利率变化可能导致项目融资难度较大，成本增加，汇率变化可能导致兑换难度加大或者无法兑换，物价水平上升可能导致成本增加、需求减少。采用PPP形式进行建设的项目多为服务于公共的工程，长期来看可以盈利，但远达不到较高的收益水平；并且由于存在政府付费的可能，地方政府会普遍压低投资的收益率，加之保险资金的投资很多并未做到真正的同股同权，而是收取约定的固定收益，随着利率市场化的加快，一方面难以预计其他资产价格受利率波动影响而出现的价格变动，使得保险资金可能承受更高的机会成本；另外一方面，投保人对保险保障和收益的要求日益提高，保险公司资金成本面临着上升的可能性，进一步压缩了投资PPP获得的利润空间。

⑤不可抗力风险，是指由于战争、政治动荡、经济危机、自然灾害等无法预

见、无法控制、无法预防的事件所引起的风险。不可抗力风险属于后果严重的风险，大多数情况将导致项目失败，造成投资方的重大损失。虽然不可抗力从某种程度上属于无法预测和不可控制的风险，但是可以通过对苗头性事件进行预判，采取选址避开自然灾害多发区、政治经济形势不稳定地区和国家等方法，尽量避免遭遇不可抗力风险。实践中有一类比较特殊的情况，如有的垃圾焚烧厂项目，已通过环评，也符合国家和地方的有关规定，但是却遭到了周边居民的激烈反对，只能停止运营。这种情况是否属于不可抗力，存有争议。进行环评等工作时没有预见到公众的反应，主要原因还是决策过程中没有进行充分的调查研究，属于应该预见而没有预见的情况，因此不能归于不可抗力因素，责任的承担还是应以政府为主体。

（7）决策风险

决策风险是指保险机构在进行 PPP 项目选择和投资决策时，由于各参与主体未能做出足够的情况审查和风险评估而出现决策失误的风险。保险投资机构对项目的行业选择、地区选择、融资金额、融资期限、融资结构等方面的决策，均面临着决策风险；同时，该项风险并不仅来自于保险投资机构本身，也应考察其他参与主体如政府方、除保险机构外的社会资本方的风险。由于政府的决策程序存在不规范、部分作风官僚化，以及缺乏 PPP 的实操经验和能力，导致出现决策失误的风险。由于社会资本方对 PPP 的理解和认识有限，以及前期准备不足和信息不对称等造成的项目决策失误的风险，保险投资机构将面临综合性的决策风险。此外，虽然近年国内 PPP 项目发展情况突飞猛进，但整体上看仍处于不断尝试的起步阶段，尚未形成完善化的、具有普遍可复制性的成熟范式。因此，对于发展模式的决策，也使保险资金投资面临着决策风险。

（8）建设风险

在项目建设期中，因需要沟通协调的部门和资金方众多，存在很多可能拖慢项目进度的因素，使建设工程不能如期保质完成。虽然各参与方及保险投资机构自身，现已充分认识在从项目初期就参与的重要性，但由于专业知识的欠缺和与主营业务的偏离度较大，保险资产管理公司对于 PPP 项目实际建设过程中面临的问题很可能估计不足。

(9) 运营风险

①投资回报风险。项目回报的不确定性主要来源于：一方面，基础设施建设项目多由政府主导，根据不同的经济周期和地方政府执政风格，存在极大的政策调整可能性。例如 PPP 项目建设或运营期内，其他替代性项目的批复和推进建设、人才引进和鼓励政策的变更、环境保护规章制度的调整等，都有引致项目失败或延期的可能性，从而给保险资金投资的收益带来很大的不确定性。另一方面，建设期间因为通货膨胀等原因使成本增加、现金流断裂，或由于利率变动等导致项目收益减少等等也会给保险资金投资的收益带来很大的不确定性，甚至不能回收成本。

关于投资回报风险是 PPP 项目风险管理或风险应对的核心，围绕这一核心需要从多角度进行防控的研究，上述的政策合规风险可以说也属于其中的一部分。此外，单纯从项目的回报角度看，保险资金的投资回报最关键的是项目的选择。

选择 PPP 项目首先看项目的回报机制，是使用者付费还是政府付费还是政府可行性缺口补贴，并从不同的角度进行考查。

如果是使用者付费项目，要审查项目的流量，包括高速公路的车流测算，供水、供热、污水使用量的测算是否真实，收费标准是否合理，当地经济周期的变动对车流、用量的影响，供水、供热、污水处理企业上下游客户的经济情况等。总之，要做到相对准确地预算使用量的大小和对将来的变化趋势预测，不能仅看政府或政府聘请的咨询机构的报告。咨询机构的报告常常按最优的指标进行预测，而实际情况可能达不到。对于使用者付费项目，还要看项目所处行业的经济周期、行业周期及各种宏观影响因素，这些宏观因素是单体项目或投资方无效改变的，风险影响也是最大的。

对于政府可行性缺口补贴项目，要通过合同约定政府补贴的基准，是按收入不足部分全部补贴，还是按实际收费与合理成本之间的差额进行价格补贴。

对于政府付费项目和政府提供可行性缺口补贴项目，要看政府的支付能力、政府的年收入、政府收入向中央政府和省政府上交的比例或者财政转移支付的金额，核算本级政府实际的年收入，再减去政府每年固定的支出，核算剩余可支配收入的金额是多少，然后才能计算出政府的可支配收入。经与多家政府沟通测

保险资金参与 PPP 项目：风险管理与退出机制

算，各政府每年的可支配收入为总收入的 10% 左右，所以财政部把 PPP 的支出红线定为 10% 是有一定道理的。但注意，这 10% 是全部 PPP 项目的支付来源，有些咨询公司按单一项目论证没有超过地方政府收入的 10%，但地方总的 PPP 政府支出责任金额可能远超 10%，甚至超过政府的总收入。

除了上述从 PPP 项目本身考查其支付来源和安排外，更重要的是看 PPP 项目的宏观环境和运营情况。2008 年 4 月 18 日正式开工、2011 年 6 月 30 日通车、由北京南站至上海虹桥站的铁路，全长 1 318 公里，总投资约 2 209 亿元，项目公司运营和收益日趋见好，2015 年起公司实现了盈利。主要是因为该铁路纵贯北京、天津、上海三大直辖市和冀鲁皖苏四省，连接京津冀城市群和长江三角洲城市群两大城市群，也说明修建这条铁路在社会需求、经济发展上的必要性。

但另外一些项目，如杭州湾跨海大桥，项目投资预算 118 亿元，2003 年 11 月 14 日开工，2007 年 6 月 26 日贯通，2008 年 5 月 1 日通车，最后的造价达到了 200 亿元，通行费是杭州湾跨海大桥的唯一收入来源。从《杭州湾跨海大桥工程可行性研究》来看，当时预测 2010 年大桥的车流量有望达到 1 867 万辆，但 2010 年实际车流量仅有 1 112 万辆，比预期少了 30% 以上。2012 年全年，大桥的实际车流量增加到 1 252.44 万辆，仍然不及报告预计的 2008 年通车当年车流量 1 415.2 万辆。严重的预期收益误判导致民企决策错误。2013 年全年资金缺口达到 8.5 亿元。而作为唯一收入来源的大桥通行费收入全年仅为 6.43 亿元。按照 30 年收费期限，可能无法回收本金。

杭州湾大桥通行费 80 元，在杭州湾跨海大桥建设未满两年时，相距 50 公里的绍兴杭州湾大桥已准备开工；嘉绍大桥 2013 年通车，通行费为 65 元；2014 年，钱江通道通车，通行费为 45 元。与杭州湾大桥形成竞争，随着宁波杭州湾大桥、舟山—上海跨海高速、杭州湾铁路大桥等项目纳入规划，将来车流量将进一步分流，杭州湾大桥将来的收益更加难以保障。而即使没有后边的项目，杭州湾大桥也很难收回成本。杭州湾大桥是我国"五纵七横"国道主干线中同江至三亚沿海大通道和沈阳到海口高速公路跨越杭州湾最便捷的通道，如果是为了宏观交通的社会全局考虑，从局部计算项目收益达不到，可以从其他地方给予补贴，毕竟交通的益处并不体现于通行费本身，还会带动跨区域物流和经济发展。但杭州湾大桥的规划也存在问题，不仅目前杭州湾大桥面临收益不足的风险，今后的项目也会因竞争项目较多而导致收益不足。

对于杭州湾这样的项目，如果从宏观上确有修建的必要，可能参考青岛海湾大桥的做法。青岛海湾大桥主桥和引桥、连接线全长超过41.58km，为双向六车道高速公路兼城市快速路八车道，设计行车时速80km，桥梁宽度35m，设计基准期100年，预算投资金额高达98亿元。以"建设—运营—移交"（BOT）的方式运行，项目本身收益不能平衡项目的买入前支出，这些项目采用了"捆绑经营"的方式。项目公司除了取得大桥的建设经营权外，还将取得胶州湾高速公路的交通经营权，并拥有广告经营权和用海用地范围内旅游开发经营权。通过在特许期间收取交通通行费，以及广告经营和用海用地范围内旅游开发的方式，补偿经营成本、还本付息（若有）、回收投资和获取投资回报。

②进展风险。在PPP项目漫长的生命周期中，将依次经历多个流程环节，例如前期的政府审批环节，在时限上就存在着极大的不确定性。PPP项目往往涉及多个政府部门、环节的审批，程序本身就较为复杂，包括在中央部委这一层级，不同部门之间对PPP的审批流程规定亦不尽相同。从制度层面，就存在一定的操作难度，且自下至上审批的中间环节颇多，个别程序按正常流程进行已颇为耗时，加之还可能遇到政府部门效率低下、怠工迟延的情况，都会导致审批周期过长，影响项目进度，增加项目成本。PPP项目因为多涉及公众利益，一些项目变动往往需要考虑公众利益，相关行政审批如果不能通过，可能会给项目带来较为不利的影响。如某城市供水PPP项目，在实施过程中需要提高价格，但是根据《价格法》等相关规定，实施政府指导价的项目需要履行听证程序，因为听证会不同意提高水价，出现了外国水务公司退出合作的情况。此外，如果审批事项中工作人员有腐败行为，则不但可能影响项目进度，即使通过审批也可能给后期项目实施带来不确定的风险，甚至导致项目失败。而且，前期审批存在障碍的项目，在后续的实施上多需解决更多的问题，将会令保险资金在投资决策时产生犹豫。

（10）流动性风险

流动性风险主要来自保险机构投资资产端与负债端期限、金额的错配。PPP项目投资不仅资金投入规模大，而且普遍需要较长的建设期和运营期，一般在10年或者更长；并且由于PPP所建设项目的公益属性，进入稳定获利期所需时间较久，叠加导致投资回收期较长。虽然部分人寿保险资金的可运用期限可达10年及以上，但由于保险公司负债经营的特性，未来出现赔付的时间点和金额都具有很大的不确定性。因此，如果在参与PPP项目投资中，未能高度匹配资产端与负债端的期限和金额结构，一旦出现集中性的赔付，保险公司不能及时从PPP项目投资中收回投资，将会面临巨大的流动性风险，也将波及保险公司其他业务的经营和周转。

（11）信用风险

保险资金投资基础设施建设中的信用风险主要来自各参与主体履约能力和履约意愿的不确定性，进而影响项目未来现金流量的可靠性，将直接影响保险资金运用的安全性。保险资金参与PPP项目投资，角色为单纯的财务投资者或者是主要履行出资责任的社会资本方，但在PPP长久的生命周期内，将涉及包括前端原材料的供应者、项目中期的建设施工者和投资者，后端可能存在的运营单位与维护单位等多种职责的履行者和推动者，其组织形式也包括且不局限于国有企业、民营企业和地方政府，技术水平、资产和负债情况以及以往的表现都可能会影响整个项目的运行。

①政府信用风险。政府信用风险指地方政府无力履行或者拒绝履行合同约定的责任和义务而给保险资金投资带来的直接或间接的风险。实务操作中，可以根据地方财政实力的定量指标，结合地方政府在其他项目中的履约意愿进行综合衡量。这个风险一部分来自地方政府的履约能力，在实际操作中，城投平台公司往往以各种各样的形式参与到PPP项目投融资工作中来，这一现象无法避免地牵涉到地方财政，在城投平台尚未完全脱离地方政府背书的形势下，该类项目必须要穿透来看参与主体的风险。另外，不同层级的地方政府财政能力不同，亦在一定程度上影响了其履约时的支付能力。同时，地方政府履约的意愿也是重要的影响因素。如果某些地方政府的契约精神和契约意识淡薄，一旦在PPP项目合作中出现违约，则会直接导致保险资金投资的信用风险增加。

政府信用风险，是社会资本尤其是民营资本最为担心的，也是在PPP项目中对政府诟病最多的。确实有些地方政府随着利益的变化、领导的变更而随意更改合同或违约，但同时也要看到问题的另外一面，即政府为什么会违约？是什么原因导致了政府违约？的确是在有些地方政府审批了竞争性项目导致原项目的收益下降，如刺桐大桥和杭州湾跨海大桥项目，但同时也要看到政府为什么审批竞争性项目。

刺桐大桥项目，1995年5月18日动工建设，1996年底竣工，1997年1月1日刺桐大桥正式投入运营，车辆通行费1997年为2 375.5万元，1998年2 436万元，1999年2 963.6万元，2000年3 748.5万元，2001年上升至4 700万元，到2006年通行费已达到8 100万元，而1996年建设该桥时投资额为2.5亿元。从泉州的汽车保有量上看，到2016年6月底，泉州机动车保有量已经达到213万辆，其中汽车107万辆，摩托车106万辆。而2004年，泉州地区的汽车保有量仅为23万辆，目前未查到2004年前泉州的汽车保有量数据，但据这几年我国的发展，在2004年前至1997年，我国的汽车保有量是更少的。假设刺桐大桥通行费不变的情况下，该桥通过的车辆从1997年到2001年已经增长了1倍，据《泉州市2010年第六次全国人口普查主要数据公报》数据，全市常住人口为8 128 530人（不含金门县），据《2016年泉州市国民经济和社会发展统计公报》，2016年泉州全部工业实现增加值3 480.31亿元，2016年末全市民用汽车保有量达到113.25万辆，比上年末增长12.6%；其中私人汽车104.40万辆，增长13.8%。全市轿车保有量71.72万辆，增长14.2%，其中私人轿车保有量68.29万辆，增长14.9%。

从上述数据可以看出，且不说该大桥的建设投资早已收回，从当地的人口尤其是汽车的增长量上看，再从晋江两岸的交通状况看，政府不可能为了刺桐大桥的收费，在该桥的收费期内不再新建交通桥梁。该项目与其说是政府失信，更准确的倒不如说是某个企业的利益与当地社会发展的冲突，在这个冲突下，当然应该倾向于当地整体社会的利益，不可能为了某个企业的利益牺牲整个社会的发展。PPP的本意也是为了提供公共服务和基础设施，而不是为了满足某一企业的经济效益，企业的收益可以用其他方式平衡和解决。如在此类的交通类型的案例中，包括桥梁、收费高速等，不宜约定唯一性条款或排除竞争条款，应该把此类条款改为保底流量条款或修正后的保底流量类似条款，这样便于平衡PPP社会资本方利益与当地社会整体发展的利益。在PPP项目收益过高的时候，也可以将过高的收益由当地政府收取用于其他市政的建设。如北京兴延高速就做了这样的约定，一方面政府要按约定的车流量保最低流量，另一方面如果车流过高，过高的部分社会资本方要和政府进行分配，这样既体现了社会资本参与基础设施建设的收益，又将基础设施的收益通过分配给政府，由政府为公众提供公众产品和服务再返还给公众，实现社会资本利益与公众利益的平衡，也实现了公共服务和基础设施取之于民、用之于民（由公众承担、为公众服务）的根本特性。

在有些项目中因政府取消了有关收费的规定导致企业经营收入失去依据，有些研究者把这样的情况归结于政府违约，如长春汇津污水处理厂项目。2000年7月14日，长春市人民政府颁发《长春汇津污水处理专营管理办法》，长春市政府授权排水公司与汇津公司订立合作合同，排水公司向长春汇津公司供应污水，由长春汇津公司进行处理，排水公司向汇津污水处理公司支付排污费。2003年2月28日，长春市政府以"长府发〔2003〕4号决定"废止该专营办法，排水公司停止向汇津公司支付污水处理费。

表面上看是政府违约，但从背后的经济数据上看，该厂污水的处理标准为一级，污水处理费为0.6元/吨；安徽合肥王小郢污水处理厂项目中，污水处理标准为二级，0.7元/吨；2002年启动的上海竹园污水处理厂一期工程项目中，污水处理标准为一级，费用不超过0.25元/吨，二期工程的处理费将不会超过0.3元/吨。在污水处理中不同地方的污水情况不同，处理的难度的成本也会有不同，但从汇津污水处理公司的价格和合肥王小郢、上海竹园污水处理价格的比较中，也基本能看到，汇津污水处理公司的价格是比较高的。而排水公司是政府的企业，排水公司支付的污水处理费实际是政府的支出，在污水处理费支出的直接经济压力下，可能也会有行政责任上的压力，政府选择解除合同（形式上是通过废止《长春汇津污水处理专营管理办法》实现的），也是有其强烈的动因的。

在另外一个广西来宾电厂B电厂项目案例中，法电联合体报的电价在运营第一年为每千瓦时0.4004元（不含销售增值税，下同），当时广西上网火电的水平电价大致在0.39元至0.40元（含增值税）之间，在1996年末，经谈判B电厂运营第一年上网电价为0.4674元/千瓦时（已含税），2015年运营期内水平上网电价为0.4665元/千瓦时。协议签署之初，一般认为0.50元至0.55元是中国可以接受的水平电价最高限，也是外资公司可以接受的最低限，所以广西争取的0.4004元被认为属于低电价。根据特许权协议，来宾BOT电厂运营电价将会逐年上升，在汇率、燃料价格不变的情况下，BOT项目的上网电价到了第 15 个运营年将达 0.71 元/千瓦时（含税）。而燃料电价与市场电煤价格挂钩，随着煤价上涨，燃料电价一路走高。第一个运营年的燃料电价仅为 0.1311 元（含税），2001 年后煤炭价格上涨，按煤价进行调价的电价涨到了每千瓦时 0.4685 元，广西电力公司每月支付的电费超过 1.36 亿元。而国内市场并没有采用市场机制，电力与煤价并没有关联，隔壁来宾 A 厂的上网电价仅为 0.286 元/千瓦时，全区的平均上网电价为 0.251 元/千瓦时。由于经济低迷，中国电力市场供大于求，作为采购方的广西电力公司按原协议必须采购 35 亿千瓦时的上网电量。履行承诺的代价就是减少购入国内其他电厂的电量，牺牲国内电厂的利益。该项目还有汇率的问题，但无论哪个问题，广西政府都按协议执行了，这其中政府方面顶了比较多的压力和舆论，但最终没有违反协议的约定，但也说明在进行 PPP 谈判的时候对情况和经济形势的变化估计失误和风险管理的水平较低，是导致 PPP 合同违约的重要原因，并不是说政府天生就有违约不守信用的倾向。

《基础设施和公共服务领域政府和社会资本合作条例（征求意见稿）》专门规定，合作项目协议的履行，不受行政区划调整、政府换届、政府有关部门机构或者职能调整以及负责人变更的影响。但唯法不足以自行，虽然社会各方有对政府不信任的看法，但总结以上案例，从表面的违约看到背后利益的不平衡和变化，地方经济发展和交通增长的需求，民众对 PPP 项目收费的意见等都导致政府不惜违约以"满足"其他方面的要求。这就要求 PPP 参与各方对项目的实施要有长远的估计和规划，并针对性地提出正反（例如物价上涨、降低，汇率升降等两种可能）两方面的调整措施，通过谈判约定在 PPP 协议中，当出现市场、经济、社会形势发生变化的时候，根据协议的约定和事先的调整方法，调整参与各方的利益，使 PPP 项目在新的形势下获得新的平衡，这样才能更好地防止违约行为的出现。单纯强调政府要守信用、不违约，或者指责合作中的某一方，都不是解决问题的办法，只有消除了违约背后的动机，才能更好地使各方遵守合同，法律法规规定的各种约束才能起到作用，引导各方按法律规则执行合同。

②社会资本方信用风险。虽然 PPP 对社会资本准入有一定的要求，但社会资本方也可能出现由于参与积极性不高或运营管理效率低下导致的履约的不确定性。因此，保险资金作为投资方，不应忽视社会资本方的信用风险。

4.1.3 保险资金参与 PPP 项目的阶段性风险分析

以 PPP 项目的进展时间为依据，其全生命周期普遍经历设立期、建设期、经营期、移交期四个环节，根据各环节内参与者的不同和关键流程的把握，对保险资金的投资风险进行阶段划分，从而实现各阶段的细致风险识别。

（1）设立期

保险资金参与 PPP 投资在该阶段面临的最主要风险是政策风险、法律风险、决策风险。出于对大规模投资的主动管理和风险把控，保险资金一般从 PPP 项目设计初期就开始介入，对该项目概况以及相关政策法律进行调查了解，同时对其他参与主体的经营能力和信用风险进行全面考量，在此基础上做出是否参与投资的决策。该阶段内，保险公司的决策和战略选择，以及对风险的把握，决定了真正实施投资后整个 PPP 项目全生命周期内所涉及的风险总体水平。

因保险资金进行投资的主要依据都在该阶段进行获取，投资的各项要素亦在该阶段进行决策，因此该阶段内的风险识别尤为重要。除了上述主要风险点之外，该阶段还面临着融资风险。另外，由于该阶段涉及合同及其中相关违约条款的制定，关系到风险实际发生时及时止损的情况，因此保险资管公司风控部门人员对 PPP 项目的风险识别及管理也比较重要。

（2）建设期

虽然该阶段的存续时间不及运营期长，但却是风险集中且复杂的极端，作为项目投资者的保险资产管理机构，要时刻提防项目"烂尾"或延期的可能。一旦项目建设失败，作为投资者的保险资金不仅面临无法实现预期收益的风险，甚至出现本金无法收回的情况。其次，由于保险资金多在 PPP 投资中获得固定收益，在较长的建设期中，保险资金同样面临着利率变动的风险，如果市场利率上升，则对投资的实际收益造成侵蚀。第三，建设期是 PPP 项目资金使用规模最大的时期，对资金周转和现金流的充裕要求最为严格，一旦资金的供需失去平衡，保险投资者将面临流动性风险。另外，监管规范的密集出台，要求保险投资者对政策和法律具有高度的敏感性，及时防范政策和法律法规变动带来的风险。同时，还需关注项目建设过程中可能产生的社会风险和环境风险。

(3) 经营期

在平稳有序度过项目建设阶段后，运营阶段的运营风险也不容忽视。覆盖投资本金和收益的现金流均由该阶段创造。能否实现预期收益，主要取决于两个方面：一是运营主体的经营能力和履约能力；二是市场投资收益率变动带来的机会成本变动。这两方面的管控可以通过对运营主体信用风险的考量和对经济周期波动及利率稳定性等市场风险的评估来实现。上述两类风险亦为该阶段保险资产管理机构面临的主要风险点。

(4) 移交期

在移交期面临的主要风险包括政策风险、市场风险等。在这一阶段，需要额外关注与移交相关的政策的稳定性与连续性；同时，还需要关注因竞争、供需等条件发生变化而造成的市场风险。

4.2 保险资金参与 PPP 项目的风险管理

4.2.1 PPP 项目选择

保险资产管理机构对 PPP 项目投资的风险把控，一定要回归本源，从 PPP 项目的甄选着手。我们认为，应主要从项目实质的合法合规度及收益测算情况、项目参与方信用水平和综合实力、项目所处区域及行业等方面进行分析。对使用者付费项目要认真考查项目本身的收益，独立进行现金流预算，不宜轻信咨询机构的结论；对政府缺口补贴和政府付费项目要考查政府支付的资金是否稳定，支付是否列入财政预算和财政规划。

（1）评估项目实质，重视其合法合规度及收益测算

首先，由于 PPP 项目收益受政策调控的影响较大，保险资产管理机构首先要把 PPP 项目依据的相关法律规定和政策规范进行深入透彻的研究和学习，甄选投资运作逻辑顺畅、程序不存在明显瑕疵的项目，优先选择财政部及国家发展和改革委员会入库项目，尽量减少因项目本身的不合规性导致的项目进程受阻及收益欠缺保障。其次，保险资管机构应尽量在项目初期开始介入，充分了解项目各参与方的经营能力和信用水平，深入进行项目可行性研究，通过科学精密的财务测算对未来投资收回和收益保障进行评估。

（2）重视地方政府的信用水平和财政实力

在使用 PPP 模式进行建设的项目中，虽有一部分的收入来源为使用者付费，但由政府作为付费者的模式更为常见，包括非经营性项目完全由政府付费以及准经营性项目的政府补贴与使用者付费结合使用，对于该类 PPP 项目投资收益的保障，很大程度上依赖于政府的财政能力和信用水平。保险资产管理机构在投资前，应选择恰当的指标作为判断地方政府信用水平和偿债能力的基础和依据，全面衡量地方政府的综合财力和履约能力。

（3）重点考察社会资本方的信用水平与经营能力

各类产业资本在 PPP 模式中担任的社会资本方，是推动项目进展和收益的主要动力，也是保险资产管理公司参与到项目投资中的主要的合作伙伴，因此，社会资本方的信用水平和经营能力也是保险资管机构进行风险防范工作中必然要考虑的因素，可尝试通过社会资本方的资产规模、盈利能力、市场口碑、信用评级以及与地方政府的合作关系等方面进行考察。

（4）以对项目行业和区域的选择作为辅助

虽然通过 PPP 模式进行建设的项目多为民生类行业，但各行业均有其风险和盈利的特殊性，保险资管机构作为投资者，可以通过对以往落地的项目进行调研

和总结,掌握各行业 PPP 项目的投资风险;同时,亦可结合区域经济环境和政府履约习惯,对项目投资进行适当的区域选择。

4.2.2 合作伙伴选择

"伙伴关系"是 PPP 项目有别于其他合作方式的特点之一,参与方要在较长的时期内,建立良好的互信协作关系。有的学者将 PPP 比作一场婚姻,合作伙伴的选择对于 PPP 项目显得尤为重要,而以保险资金为代表的金融机构,在 PPP 项目实施中,对项目的控制力、风险承受力均相对较弱,因此,尤其需要谨慎的选择合作伙伴。合作伙伴包括两方面的含义:一方面包括对政府方的合作选择;另一方面包括对共同合作的社会资本方的选择。对保险资金投资计划投资的 PPP 项目参与方的资质,41 号文有较为明确的规定,其在《保险资金间接投资基础设施项目管理办法》"融资主体最近 2 年无不良信用记录"、"融资主体符合融资的法定条件"主体确定、权属明确等较为宽泛规定的基础上,进一步细化了相关规定,要求承担项目建设或运营管理责任的主要社会资本方应当为"行业龙头企业,主体信用评级不低于 AA + ,最近两年在境内市场公开发行过债券"、"PPP 项目合同的签约政府方为地市级(含)以上政府或其授权的机构"。这一规定,虽然可能从一定程度上限制了保险资金投资,但是对于现阶段 PPP 投资经验相对欠缺的保险机构,这一制度规范明确了保险资金参与 PPP 项目主体的条件,有利于保险资金从源头上避免风险的发生,保护保险资金的安全。国际上比较通行的做法是几家各具优势和竞争力的企业组建联合体作为社会资本,联合体的实力往往决定了能否顺利的获得、建设和运营项目。在国内,保险机构参与 PPP 也可以考虑与地方政府具有良好关系的当地国有企业、建设施工实力较强的工程总承包商和经营管理经验丰富的运营商合作,以便发挥各自的比较优势,实现强强联合,优势互补。另外,多家企业组成联合体投资,特别是 3 家以上的企业组成联合体,通过合理安排股比(如分别占股不超过 1/3),可以回避母公司、子公司合并报表的相关规定,从而隔离项目风险。

4.2.3 投资方式选择

PPP项目作为政府和社会资本合作的关系，属于股权合作，具有固定回报安排的PPP方式，目前已经无法通过合规审查，且《保险资金投资股权暂行办法》规定保险资金只能投资保险企业或与主业相关企业的股权。因此，要兼顾保险资金偏好固定收益和PPP项目股权性融资的特点，二者需要通过搭建适合的投资方式，既符合PPP的规定，又要尽可能降低风险，满足保险资金投资需要。前述保险资金参与PPP的模式可以进一步划分为直接投资和间接投资两种形式。除间接投资和直接投资外，保险资金还可以作为风险管理者参与PPP项目。[①] 最后需要再次强调的是，由于PPP项目的复杂性，保险资金投资PPP项目没有固定的最优模式，需要保险机构结合实际情况，具体项目具体分析，采取最适合的方式。

4.2.4 与投资方式相匹配的增信方式选择

增信方式是保险资金投资PPP项目风险管理的主要措施。保险机构作为金融服务机构，对于PPP项目涉及的建设、运营普遍缺乏经验，因此，采取合规有力的增信方式，并通过合同的形式加以明确，是保险资金进行风险管理的重要手段，也是保险资金参与PPP项目的重要保障。增信方式主要包括：

(1) 纳入预算

在国内，一般认为，政府信用高于企业信用，尽管地方政府也可能存在违约行为，但整体信用依然值得信赖。纳入预算不是保证担保，但是对于PPP项目，特别是对于政府付费和可行性缺口补助类PPP项目，其依然是强有力的增信作用，因此，对金融机构、社会资本方等来讲，地方政府的信用支持属于非常有效

---

① 马勇：《保险资金参与PPP项目的路径》，《中国保险报》。

的增信方式。PPP项目中常见的政府增信方式是地方人大常委会以人大决议的形式，将PPP项目还款来源列入中长期财政预算。在之前的实践中，由于地方政府对政策法规的理解不到位、不透彻等原因，政府增信的方式五花八门，出具承诺纳入预算函的有之，政府部门承诺担保的有之。近期，财政部陆续对一些地方政府违规担保承诺、违规举债开出罚单，一些金融机构也收到了监管部门的罚单，地方政府对类似问题逐渐重视起来。虽然从现行规定来看，如果纳入预算的内容是针对PPP项目的直接支付责任，作为第一还款来源，而不是对债务的担保，且支付安排通过"人大决议"，经人大批准，那么就不违反《预算法》《担保法》的有关规定，具有法律效力，但是从目前趋势来看，政府在提供增信方面将日趋保守，保险机构作为投资者在合规性方面也要特别注意。

（2）保证担保

保证担保是保险资金投资基础设施常用的传统担保方式，保险资金向项目公司提供债权融资，由项目公司的股东提供担保，例如保险资管公司与PPP项目公司设立债权投资计划投资某处基础设施，由项目公司股东承担本息全额无条件不可撤销连带责任保证担保。其优点在于项目公司可自行决定资金的使用方式，不足之处在于本质上依旧是依赖于担保方的主体信用，属于传统债权投资模式，与PPP项目模式股权投资的特性不完全匹配，难以完全满足PPP项目的融资需求。现实中，也存在股东为了避免增加资产负债率，不愿意采用担保方式的情况。

（3）抵押质押

抵押质押也是比较传统的增信方式，抵押指债务人或第三人对债权人以一定财产作为清偿债务担保的法律行为；质押是指债务人或者第三人将其动产或权利移交债权人占有，将该动产或权利作为债权的担保。二者都是物的担保。PPP项目中可能涉及项目公司收费权（特许经营权）质押、土地物业抵押、股权质押、应收账款质押等。需要注意的是，由于PPP项目的公共性质，哪些财产或权利可以用于抵押、质押，各地政策、法律、法规、部门规定不尽相同，办理抵押、质押的操作程序也有所不同。因此，在实践中需要对不同地区的相关政策法规进行研究分析。

（4）结构化增信

保险资金以与产业资本共同成立产业基金，或者以参与地方政府 PPP 引导基金等形式投资于 PPP 项目时，可以对基金进行分级设置，设置优先、劣后级份额，部分还可增加中间级份额，不同级别份额承担不同的风险，获得相应的收益，实现风险收益匹配，劣后级保障在风险等情况发生时优先级获得相对稳定的收益、遭受较少的损失，保险资金认购优先级份额可以享受相对固定的收益，以满足保险资金相对保守的投资需求。如：华信基金参与设立的某 PPP 城市发展基金，其优先级份额固定收益 7%，由劣后级份额对本息兜底；中间级份额 4% 固定收益 + 浮动收益（剩余收益的 20%），由劣后级份额对本金及固定收益兜底；劣后级份额浮动收益（享受剩余收益 40%）；GP 浮动收益（享受剩余收益的 40%）及 1‰ 管理费。

（5）差额补足

差额补足又称为差额支付，是指为了保障主权利人和主义务人之间的权利义务关系，当主义务人未按约定履行义务时，由第三人按照约定履行差额补足义务的行为。有别于传统的担保增信方式只针对债权，差额补足可以对股权收益给予保障，实现"类担保措施"的作用。在 PPP 投资实践中，差额补足可以作为结构化增信方式的配套措施出现。我国现行法规对于差额补足的法律性质、法律效力缺乏专门的规定，通常差额补足适用《合同法》《公司法》《合伙企业法》等的一般规定。《证券期货经营机构私募资产管理业务运作管理暂行规定》第四条规定："证券期货经营机构设立结构化资产管理计划……不得存在以下情形：（一）直接或者间接对优先级份额认购者提供保本保收益安排，……劣后级或第三方机构差额补足优先级收益……等。"但根据证券基金机构监管部编写的《〈证券期货经营机构私募资产管理业务运作管理暂行规定〉问题解答》中的解释，该规定"主要适用于证券期货经营机构通过资产管理计划形式开展的私募资产管理业务，私募证券投资基金业务参照执行"，"不适用于私募股权投资基金、创业投资"。鉴于上述监管口径，加之我国金融业采取分业监管，实践中认为该规定不适用于保险资管产品。需要注意的是，拟定合同差额补足条款时，需明确差额补足的责任主体，根据《公司法》《合伙企业法》中不得损害目标企业、目标企业股东及其债权人利益、收益分配的规定,未确保差额补足条款的效力,应尽量以目标企业的实际控制人或第三方作为差额补足责任人,承担差额补足义务。在 PPP 投资实践中,差额补足常常和股权回购一起作为结构化增信方式的配套措施出现。差额补足融入股权回购条款,保障效果更强。例如:中国铁建基建产业投资基金股权投资计划中中国铁道建设总公司为优先级 LP 提供本金回购和收益补足承诺。

(6) 回购协议

回购协议是指合同约定由特定主体(可以是政府指定机构,可以是运营的社会资本,还可以是其他第三方)对社会资本的股权进行回购。PPP 模式推行的过程中,回购安排作为社会资本退出方式一度较为普遍。一方面,政府为追求经济增长或为追求政绩,片面响应国家推广 PPP 模式的号召,存在泛化 PPP 项目的趋势,将不符合要求的项目套用 PPP 模式,通过回购承诺吸引社会资本投入。另一方面,社会资本通过带有回购承诺的股权投资,既可以规避信用额度、资质限制等限制,还能获得稳定的投资回报。导致一些项目名为股权投资,实际上是债权融资,风险最终由财政兜底,"明股实债"① 违背了 PPP 项目引入社会资本、减轻地方政府债务的初衷。为此,2016 年,财政部关于印发《政府和社会资本合作项目财政管理暂行办法》的通知(财金〔2016〕92 号)明确规定,不得在股东协议中约定由政府股东或政府指定的其他机构对社会资本方股东的股权进行回购安排,限制了股权回购退出方式的应用。2017 年,财政部会同有关部门出台《关于进一步规范地方政府举债融资行为的通知》(财预〔2017〕50 号)禁止地方通过 PPP 等方式的违规举债。上述规定,限制了直接投资 PPP 时采用回购安排,但是对于以基金形式间接投资 PPP 项目,可以通过结构化设计,由产业资本负责回购优先级份额。如:广东粤东西北振兴发展产业投资基金,首期规模 121 亿元,由广东省财政通过粤财控股出资 40 亿元,基金管理人中银粤财出资 1

---

① 中国证券投资基金业协会《证券期货经营机构私募资产管理计划备案管理规范第 4 号——私募资产管理计划投资房地产开发企业、项目》中,关于明股实债的定义:"指投资回报不与被投资企业的经营业绩挂钩,不是根据企业的投资收益或亏损进行分配,而是向投资者提供保本保收益承诺,根据约定定期向投资者支付固定收益,并在满足特定条件后由被投资企业赎回股权或者偿还本息的投资方式,常见形式包括回购、第三方收购、对赌、定期分红等。"

亿元，中国人保出资60亿元，广东省建行出资20亿元构成。该基金通过结构化安排，约定金融产品所持LP份额到期由粤财控股承诺回购，形成了对优先级金融资本投资人的保障。

（7）流动性支持

流动性支持，通常是指当被支持人出现短期流动性问题时，承诺人按照约定根据自身实际情况给予一定支持，来维持被支持人运营的承诺，流动性支持常见于结构化的资管产品中，当优先级投资人无法取得约定的回报或者依约收回投资时，由劣后级投资人或者管理人的关联方为优先级投资人提供流动性支持。相较于保证担保等形式，流动性支持的优势：一是可以不依赖于债权债务关系而独立存在；二是不以债务方实际违约行为为前提，在有一定流动性危机的时候就可以提前发现问题从而触发流动性补偿，可以把风险的解决前置化。但是，流动性支持在实践中也存在一些问题，最为关键的问题在于不对承诺人具有强制性，通常只是作为解决临时性短期流动性问题的措施，如果承诺人发现或者担心被支持人存在根本性违约的可能，也可以不提供流动性支持。同时，在实践中双方对何为信用风险、市场风险的理解往往存在不同认识，对流动性支持触发的条件、支持力度往往约定不够明确，影响流动性支持措施的增信效力。

除以上七种比较主要的增信方式外，还有诸如信用触发机制、外部保险、信用证等增信方式，但因为与PPP项目的运作特点相关度较小，这里不再赘述。

4.2.5 严格控制投资项目的规模和集中度

与保险资金参与其他类型的投资类似，参与PPP项目投资也应注意投资分散度的把握，具体体现在单个PPP项目投资的规模和比重上。首先，对于期限等其他属性类似的可运用资金，确定并严格控制投资于PPP项目的比例，并且尽量采取多种投资形式（如股权、债权、股债结合）。其次，对不同属性的资金进行细分，如根据保险资金的负债来源及期限，合理将其运用到相匹配的资产端投资上来。另外，密切注意PPP项目投资的区域集中度和行业集中度，在充分调研的基础上，进行科学合理的投资分配。

4.2.6 建立完善的 PPP 项目风险控制体系

随着 PPP 模式在公共基础设施建设领域的不断规范，预计 PPP 模式的推进程度以及保险等金融机构资金的参与热情将不断高涨，而保险资管机构内部，可根据实际情况，建立一支精通 PPP 尤其是项目风险的人才队伍，搭建起全面的投资风险控制机制，在风险防范全局性框架下，做出投资全生命周期内的工作计划，包括具体的投资本金和收益的回收的时间节点和预计规模，对现金的流入流出做出明确的规划和掌握，并建立完善的突发事件应对机制，以及在必要时可顺利实施的退出机制等。

第 5 章
我国保险资金参与PPP项目的退出机制

PPP项目需要政府与社会资本方构建长期稳定的伙伴关系，我们不应该狭隘的把稳定理解成社会资本方一成不变，而应该理解成搭建一种稳定的制度机制，确保符合要求的企业能够进得来，同样也要保证在合适的阶段社会资本能够出得去，实现进退有序，才能吸引更多有实力、有意愿的社会资本参与到PPP项目中来。因此，作为PPP项目实施的重要环节之一，构建完善的退出机制，畅通社会资本退出渠道，十分必要。

第一，PPP项目的实施周期普遍较长，社会资本很难保证全程参与。PPP项目本身的特点决定PPP项目周期长，通常都在10~30年左右，个别项目周期长达50年。而根据普华永道会计师事务所发布的《2011年中国企业长期激励调研报告》，中国集团企业的平均寿命只有7~8年，如果没有退出机制做保障，一方面一旦企业经营出现问题，将直接影响项目的正常运行，乃至影响社会公众利益；另一方面，也会影响企业参与PPP项目的积极性，减少政府方遴选社会资本的范围。

第二，PPP项目类型多样、结构复杂、要求高，良好退出机制有利于发挥社会资本参与各方的比较优势。PPP项目融资、建设、运营等不同阶段有着不同的风险和需求，在保证项目整体效果、不影响提供社会公共服务的前提下，社会资本参与方选择自己擅长的领域、阶段进入和退出 PPP 项目，有利于发挥各自的优势，提高工作效率，降低项目成本。金融机构、施工方、运营企业作为联合体参加 PPP 项目投标，金融机构负责融资，施工方负责项目建设，运营企业保证运营，完成各自任务的一方在合适的阶段通过相应的方式退出。

第三，金融机构中标 PPP 项目的现实，凸显了完善退出机制的迫切需要。PPP 项目推广初期，建设商、运营企业一直作为社会资本的主导力量。近年来，随着实践的深入，金融机构单独或金融企业联合中标 PPP 项目的情况屡见不鲜。如 2015 年，中国邮政储蓄银行中标济青高铁（潍坊段）征地和拆迁项目，2016 年贵阳祥山绿色城市发展基金（有限合伙）和交银国际信托联合体中标贵阳地铁 PPP 项目，2017 年招商银行、光大银行和汉口银行联合体中标武汉轨道交通 8 号线 PPP 项目。一方面，金融机构的资金和项目存在期限错配的问题；另一方面，金融机构中标后实施项目时需要进行相应的结构化设计，都需要相应的退出机制给予支持和保障。

保险资金无论以债权、股权还是股债结合的方式为 PPP 项目提供融资，都会存在退出的需求，而其退出的动机主要来自于两个方面：一是保险资管机构对已实现的投资收益的满足，包括全部权益利益的获得及短期收益的实现；二是根据现实情况作出投资调整，主要原因包括保险资管机构自身投资战略的转型、部分项目参与主体的履约能力与预期不符、项目公司运行不符合预期等。此外，为符合 PPP 项目"风险共担"的原则，当实施主体中出现保险资金这类金融资本时，由于其欠缺项目管理和建设的能力，常常辅之以设计、施工、运营等领域的专业化主体，合作完成 PPP 项目全生命周期的流程。在这个过程中，保险资管机构对项目的实际存续期和完成移交结果并没有过多关注的动力，较多地投身于资金运作与投融资的职能。因此，有计划性及可行性的退出渠道的建设，是作为财务投资人的保险机构充分保障投资安全、灵活进行投资安排的重要保障，完善的退出机制的搭建具有充分的现实需求。

5.1　我国保险资金退出PPP项目的路径与参与路径的关联性

保险资金在退出PPP项目时，需要选择恰当的退出路径。退出路径的选择与保险资金参与PPP项目的路径紧密相关。

5.1.1　退出时点与参与时点的关联性

保险资金退出PPP项目的时点与其参与PPP项目的时点紧密相关。在分析保险资金的退出时点时，还需要考虑保险资金到期退出和提前退出两种情景（见表5-1）。

表5-1　保险资金退出时点与参与时点的关联性

参与时点 \ 退出时点	建设期	经营期	移交期
设立期	提前退出	到期退出/提前退出	到期退出
建设期	提前退出	到期退出/提前退出	到期退出
经营期	无	到期退出/提前退出	到期退出

数据来源：课题组整理。

（1）在设立期参与

在PPP项目设立期，保险资金可以通过向PPP项目公司提供股权资金或债权资金等方式参与PPP项目。

如果保险资金在设立期以股权方式参与PPP项目，那么保险资金可以在PPP项目移交期到期退出，也可以在经营期提前退出；如果保险资金在设立期以债权方式参与PPP项目，那么保险资金可以在经营期、移交期到期退出，也可以在建设期、经营期提前退出。

(2) 在建设期参与

在 PPP 项目建设期,保险资金可以通过增资扩股、债权投资计划等方式参与 PPP 项目。

如果保险资金在经营期以认购股份等股权方式参与 PPP 项目,那么保险资金可以在移交期到期退出,也可以在经营期提前退出;如果保险资金在经营期通过资产支持计划等债权方式参与 PPP 项目,那么保险资金可以在经营期、移交期到期退出,也可以在建设期、经营期提前退出。

(3) 在经营期参与

在 PPP 项目经营期,保险资金可以通过认购股份、资产支持计划等方式参与 PPP 项目。

如果保险资金在经营期以认购股份等股权方式参与 PPP 项目,那么保险资金可以在移交期到期退出,也可以在经营期提前退出;如果保险资金在经营期通过资产支持计划等债权方式参与 PPP 项目,那么保险资金可以在经营期、移交期到期退出,也可以在经营期提前退出。

5.1.2 退出方式与参与方式的关联性

保险资金退出 PPP 项目的方式与其参与 PPP 项目的方式有密切的关系。在分析保险资金的退出方式时,需要考虑保险资金到期退出和提前退出两种情景(见表 5-2)。

表 5-2　　　　　保险资金退出方式与参与方式的关联性

退出方式 参与方式	建设期	经营期	移交期
债权	资产证券化、债权转让	到期清偿、资产证券化、债权转让	到期清偿
股权	无	资产证券化(REITs)、股权转让、收购、IPO	股权注销或移交
基金	资产证券化(REITs)、基金份额转让	资产证券化(REITs)、基金份额转让	基金份额清算或移交

数据来源:本课题组整理。

（1） 以债权方式参与

保险资金可以通过认购项目公司债券、债权投资计划等方式参与 PPP 项目。

如果保险通过债权方式参与 PPP 项目，那么保险资金可以在经营期、移交期以到期清偿的方式实现到期退出，也可以在建设期、经营期以债权转让、资产证券化等方式实现提前退出。

（2） 以股权方式参与

保险资金可以通过认购项目公司股份、股权投资计划等方式参与 PPP 项目。

如果保险资金通过股权方式参与 PPP 项目，那么保险资金可以在移交期以股权注销、移交等方式实现到期退出，也可以在经营期以 REITs、股权转让、IPO、收购等方式实现提前退出。

（3） 以基金方式参与

保险资金可以通过认购 PPP 基金份额等方式参与 PPP 项目。

如果保险通过基金方式参与 PPP 项目，那么保险资金可以在移交期以到期清算、移交等方式实现到期退出，也可以在建设期、经营期以基金份额转让、REITs 等方式实现提前退出。

5.2　我国保险资金到期退出 PPP 项目的途径

5.2.1　债权到期清偿

在 PPP 项目设立期，保险资金可以通过股东借款、认购项目收益债券等方式为 PPP 项目提供债权资金；在 PPP 项目建设期，保险资金可以通过债权投资计划、信托计划等方式参与PPP项目；在PPP项目经营期，保险资金可以通过认购资产支持证券等方式参与PPP项目。通过债权方式参与PPP项目后，保险资金持有了一批债权资产。

如果债权产品的期限适中、交易结构设计合理、增信方实力很强，保险资金可以一直持有该债权产品到期，正常收回本息，退出PPP项目。

5.2.2 股权注销或移交

在PPP项目设立期，保险资金可以通过注资、股权投资计划等方式为PPP项目提供股权资金；在PPP项目建设期和经营期，保险资金可以通过认购股份、股权投资计划等方式参与PPP项目。通过股权方式参与PPP项目后，保险资金拥有了一批股权资产。

如果股权产品的期限匹配保险资金的需要、PPP项目经营健康，保险资金可以一直持有股权产品，直到PPP项目移交期。在移交期，如果PPP项目公司在移交完PPP项目后注销，那么保险资金就按照PPP合同的规定，在收回投资后注销相应的股份；如果PPP项目公司依然存续，那么保险资金应按照PPP合同的规定，在收回投资后移交相应的股份。

5.2.3 基金份额清算或移交

在PPP项目设立期，保险资金可以通过认购PPP基金份额的方式为PPP项目提供资金。通过基金方式参与PPP项目后，保险资金持有了一批基金份额。

如果基金产品的期限匹配保险资金的需要、增信方实力很强、PPP项目经营健康，保险资金可以一直持有该基金份额到期。基金产品到期后，如果PPP基金清算，那么保险资金可在收回投资资金后清算相应的基金份额；如果PPP基金依然存续，那么保险资金可按照PPP合同，在收回投资后移交相应的基金份额。

5.3 我国保险资金提前退出PPP项目的途径

保险资金在参与PPP项目后，出于提前收回投资、调整资产配置等目的，保险资金可能需要提前退出PPP项目。本章5.1已经分析了保险资金提前退出PPP项目的时点与方式，本部分将深入探讨保险资金提前退出PPP项目的具体方式。

5.3.1 我国保险资金以资产证券化方式实现退出

资产证券化是盘活存量资产、分散信用风险的重要工具，也是实现保险资金提前退出的有效途径。无论保险资金是以债权方式参与PPP项目，还是以股权方式参与PPP项目，均可以通过资产证券化的方式实现提前退出。

(1) 以债权为基础资产

在PPP项目设立期，保险资金可以通过股东借款、认购债券等方式为PPP项目提供债权资金；在PPP项目建设期，保险资金可以通过债权投资计划、信托计划等方式参与PPP项目；在PPP项目经营期，保险资金可以通过认购资产支持证券等方式参与PPP项目。通过债权方式参与PPP项目后，保险资金拥有了一批债权类资产，可以通过PPP债权资产证券化实现提前退出。

PPP债权资产证券化项目的交易结构如图5-1所示。

首先，计划管理人（证券公司或基金子公司）设立一个PPP债权资产支持专项计划作为特殊目的载体（SPV）；然后，保险资金将其持有的PPP项目债权作为基础资产，转让给上述SPV；接着，SPV基于PPP项目债权资产发行不同层级的资产支持证券，包括优先级、次优级、次级资产支持证券，通过优先/次优/

次级的分层结构实现内部增信。此外,担保人或差额支付承诺人(比如,PPP项目的主要社会资本方)提供外部增信;监管银行提供资金监管服务,托管人提供资金托管服务。通过PPP债权资产证券化,保险资金将拥有的债权资产转让,提前收回投资并退出PPP项目。

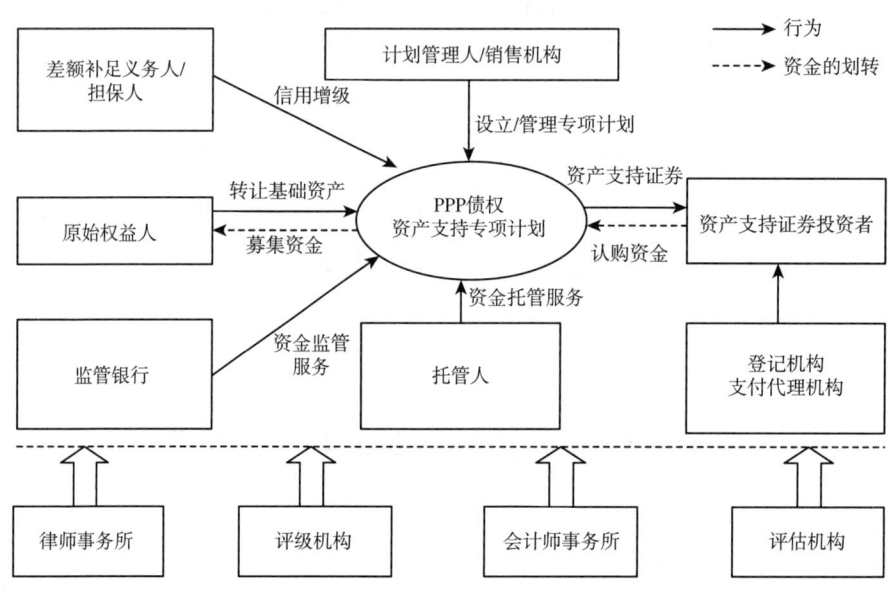

图5-1 PPP债权资产证券化项目交易结构示意图

在有些情形下,保险资金不是直接向PPP项目公司提供债权资金,而是通过信托计划间接地向PPP项目公司提供资金。因此,保险资金表现出信托贷款的形式。在这种情形下,可由信托公司作为原始权益人,将信托贷款作为基础资产发行多层级的资产支持证券,提前收回信托贷款资金,并分配给委托人。保险资金作为信托计划的委托人,可以提前收回投资并退出PPP项目。

(2) 以股权为基础资产

在PPP项目设立期,保险资金可以通过注资、股权投资计划等方式为PPP项目提供股权资金;在PPP项目建设期和经营期,保险资金可以通过认购股份、股权投资计划等方式参与PPP项目。通过股权方式参与PPP项目后,保险资金拥有了一批股权资产,可以通过不动产投资信托基金(REITs)实现提前退出。

当PPP项目进入运营期后,保险资金作为PPP项目公司的股东方,可将其持有的股权转移给REITs,从而实现提前退出。目前,我国境内尚未出现公募REITs。可以参考境外的REITs项目,设计PPP+公募REITs的交易结构(见图5-2)。

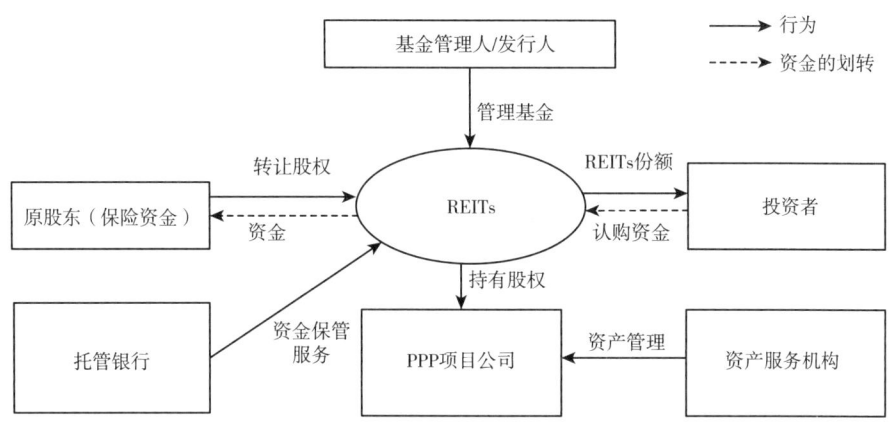

图5-2 PPP+公募REITs的交易结构参考示意图

首先,基金管理人设立一个PPP公募REITs,向投资者募集资金;然后,保险资金等PPP项目公司的原股东方将PPP项目公司的股权转让给上述公募RE-ITs,并收回资金;接着,公募REITs持有PPP项目公司的股权,获得PPP项目公司的收益,并分配给投资者。此外,托管银行提供资金保管服务,资产服务机构提供资产管理服务。通过PPP公募REITs方式,保险资金可以将拥有的PPP项目公司股权资产转让,提前收回投资并退出PPP项目。

(3)以基金份额为基础资产

在PPP项目设立期,保险资金可以通过认购PPP基金份额的方式为PPP项目提供资金;在PPP项目建设期和经营期,保险资金可以通过收购PPP基金份额的方式为PPP项目提供资金。通过基金方式参与PPP项目后,保险资金持有了一批基金份额,可以通过不动产投资信托基金(REITs)实现提前退出。

与股权的REITs相比,基金份额的REITs可以更加灵活。当PPP项目进入建设期或运营期后,保险资金作为PPP基金份额的持有人,可将其持有的基金份额作为基础资产开展资产证券化业务。除了公募REITs方式之外,持有PPP基金份额的保险资金也可以采用类REITs方式。目前,我国境内已发行了类

REITs 项目。参考已有的类 REITs 项目，可以设计 PPP + 类 REITs 的交易结构（见图 5 - 3）。

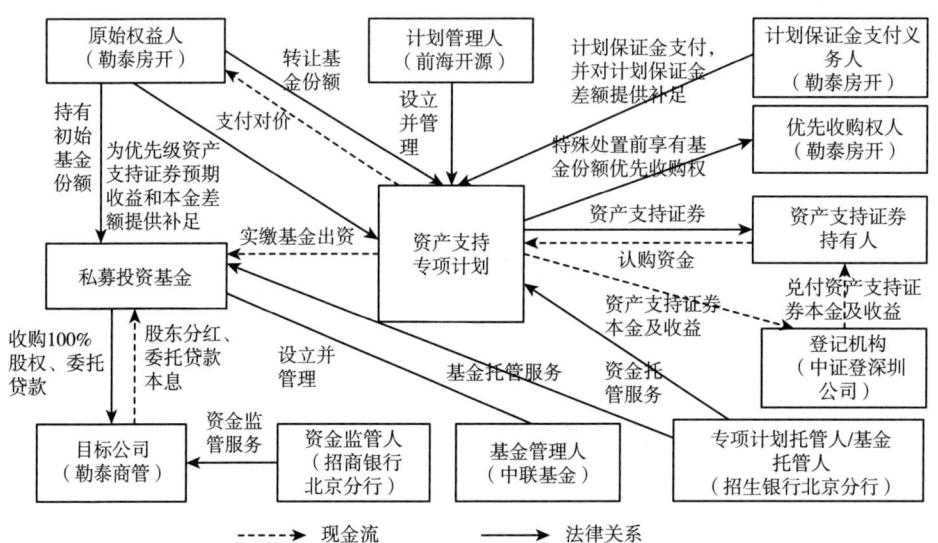

图 5 - 3 PPP + 类 REITs 的交易结构参考示意图

首先，计划管理人设立一个 PPP 资产支持专项计划作为 SPV；然后，保险资金作为 PPP 基金份额持有人，可以将基础资产（PPP 基金份额）转让给上述 SPV；接着，SPV 基于 PPP 基金的基金份额发行不同层级的资产支持证券，通过优先/次优/次级的分层结构实现内部增信。此外，担保人提供外部增信，监管银行提供资金监管服务，基金管理人负责设立和管理 PPP 项目基金，基金托管人提供基金托管服务。通过 PPP 公募 REITs 或类 REITs 方式，保险资金可以将持有的 PPP 基金份额转让，提前收回投资并退出 PPP 项目。

5.3.2　我国保险资金提前退出 PPP 项目的其他途径

除了资产证券化之外，保险资金还可以通过多种途径提前退出 PPP 项目。

(1) IPO 上市

对于经营性项目中有稳定现金流的 PPP 项目，可选择通过首次公开发行股票，使PPP项目与资本市场有效对接，保险资金可通过二级资本市场的交易退出PPP项目。

目前我国资本市场体系发展程度和健全性都不足，同时A股公开上市时间成本和财务成本以及准入门槛都偏高，赴海外上市所需要的条件也不低。因此，上市成功与否对项目公司未来发展将造成重大影响。目前较为熟知的案例就是北京碧水源投资的云南水务在中国香港联交所成功上市[①]，社会资本在上市中实现资金回收和退出。不过目前为止限于条件约束，上市退出暂时还不具有普遍性，作为备选方案之一，未来市场体系成熟后可能是保险资金退出的重要方式。

（2）股权转让

股权转让是指保险资金将其持有的PPP项目股权转让给其他主体，从而实现提前退出PPP项目。

保险资金方可以将其在项目公司的股份转让给其他社会资本方或者外部的第三方，由于保险资金方一般不会作为负责建设、经营的社会资本方参与PPP项目的建设与经营，所以，保险资金方将股权转让给内部其他社会资本方或外部第三方不会受到项目公司合同的事先约束和限制。变更的具体方式包括直接或间接转让股权、通过并购等方式变更股权等等。不过在我国现有的金融环境体制下，要想实现PPP项目公司的并购，各类交易市场和渠道亟待完善。

除了上述方法之外，PPP合同往往还规定了回购条款。保险资金可以在特定情景下，将持有的基金份额交给回购方，收回投资并提前退出PPP项目。另外，保险资金投资还可以通过PPP项目公司发行债券进行债务置换，从而实现退出。2017年4月国家发展改革和委员会正式印发《政府和社会资本合作（PPP）项目专项债券发行指引》，明确了PPP专项债券的发行主体，既可以由社会资本方（含其上市公司及子公司）担任，也可以由项目公司担任；发行的品种既包括一般企业债，也包括项目收益债；信用级别及发行要求可以突破主体条件的限制，更加关注于项目未来现金流；募集的资金可用于相关项目建设、运营或偿还相关贷款，PPP专项债的破冰以及未来可能创设的PPP相关专项债券将从一定程度上

---

① 《PPP模式中社会资本方退出机制的必要性和可行性研究》，http://www.wzlawyers.cn/NewsDetail.php? ID_News=13093 温州律师网，2015年8月13日。

为保险资金的退出增加空间。

综合本章所述，为保证保险资金方投资的积极性，使保险资金方在参与项目公司合作中更具有效率，建议允许 PPP 项目公司和社会资本方积极参与区域股权交易市场、PPP 项目交易流转平台等多层次资本市场，弥补目前我国产权交易市场的不足，保障保险资金方在获得可观收益的情形下合理退出。

5.4 当前保险资金退出 PPP 项目面临的主要问题

因保险资金深度参与 PPP 至今不足两年的时间，几乎没有投资退出的实践，但从理论上来讲，现存退出渠道存在着一些不足。

5.4.1 政府约定回购存在政策风险

PPP 基金在设立之初就会明确退出安排，多数 PPP 基金会要求公共机构或政府指定主体按照合同约定回购基金份额、基金持有的项目公司的股权、债权或项目公司的特许经营权、收益权等。但财政部 2016 年 9 月 24 日印发的《政府和社会资本合作项目财政管理暂行办法》（财金〔2016〕92 号），明确提出"政府与社会资本合资设立项目公司的，应按照《公司法》等法律规定以及 PPP 项目合同约定规范运作，不得在股东协议中约定由政府股东或政府指定的其他机构对社会资本方股东的股权进行回购安排。"根据目前市场实际情况，未来对社会资本方的定性或存在不确定性，政府约定回购存在一定的政策风险。

5.4.2 资产转让标准化程度低，转让渠道畅通性存在不确定性

PPP 资产交易平台的创设，无疑在很大程度上提高了 PPP 资产的流动性，优

化市场配置，直观反映 PPP 市场的供需情况。但是其规范化发展尚且任重道远。一方面，未来流转平台得以实现高效运营的基础，必然是 PPP 资产的标准化，而现存 PPP 项目建设中，需要进行针对性识别的环节和要素过多，距离标准化的实现任重而道远。其次，PPP 资产的流转工作，目前只是市场相关主体的创新性探索，并没有立法和政策层面的顶层设计。在如此复杂的交易结构和运营周期内，投资方的利益被保障的程度难以确定，这直接阻碍了 PPP 资产的交易和流动，形成了投资方通过该途径实施退出的障碍。另外，就是关于风险把控的问题，除了交易双方对风险的识别和防范外，交易平台对经手项目的数据库建立仍处于起步阶段，应用大数据进行风险识别和提高运营效率的工作落实尚处于起步阶段。

另外，PPP 资产转让的具体形式中，主要以股权、产权、特许经营权等非标产品作为转让标的资产，其估值难度较大，公允价值难以测算；同时，PPP 资产交易政策有限制，在实际项目操作过程中，政府方往往会通过锁定期、股权受让方主体资格对社会资本股权变更进行限制，增加了资产转让实施的难度。

5.4.3 专项债券收益率较低，难以调动一级市场和二级市场的积极性

基于 PPP 项目预期稳定的现金流入而设计的专项债和资产证券化产品，理论上丰富了 PPP 项目投资主体的退出路径和再融资的方式，但由于 PPP 项目盈利但不暴利的本质没有发生改变，使得基于此发行的固定收益类产品的收益率不会太高，投资者对久期长且收益率较低的产品的投资往往望而却步，反之亦会降低社会资本参与 PPP 项目的积极性。

5.4.4 政府方或社会资本方为 PPP 项目资产证券化提供增信的动力不足

从当前的市场状况来看，PPP 项目资产证券化对于社会资本方来说只是一种

保险资金参与 PPP 项目：风险管理与退出机制

融资手段，而非退出方式，因为实际操作中多要求社会资本方提供差额补足等信用增进措施，不能实现风险的转移。因此，对于 PPP 项目资产证券化来讲，同样存在与 PPP 项目的其他融资方式类似的内部增信主体缺失的问题。考虑到相关法律的规定以及降低资产负债率的要求，政府方或者是社会资本方都无法或不愿提供信用增级，使得保险资金通过资产证券化的方式退出处于被动。

第 6 章

基于层次分析法的保险资金
参与PPP项目决策研究

6.1 层次分析法和熵值法的基本原理

6.1.1 层次分析法基本原理

层次分析法（Analytic Hierarchy Process，AHP）是对一些较为复杂、较为模糊的问题作出决策的简易方法，将复杂的评价对象表现为一个有序的递阶层次机构的整体，通过在各个评价项目间进行两两的比较、判断，进而计算各个评价项目的相对重要性系数，是一种简便、灵活而又实用的多准则决策方法。由于它在处理复杂决策问题上的实用性和有效性，很快在世界范围得到重视。又由于其思路简单明了，尤其是紧密地和决策者的主观判断和推理联系起来，对推理过程进行量化的描述，能避免决策者在结构复杂和方案较多时逻辑推理上的失误，使得这种方法近年来在国内外得到了广泛应用。它的应用已遍及经济计划和管理、能源政策和分配、行为科学、军事指挥、运输、农业、教育、人才、医疗和环境等领域。

AHP可用于对方案的优劣进行综合评价，也可用于对评价指标的权重进行确定。这一方法的特点是在对复杂决策问题的本质、影响因素以及内在关系等进行深入分析之后，构建一个层次结构模型，然后利用较少的定量信息，把决策的思维过程数学化，从而为求解多目标、多准则或无结构特性的复杂决策问题，提供一种简便的决策方法。具体地说，它是指将决策问题的有关元素分解成目标、准则、方案等层次，用一种标度对人的主观判断进行客观量化，在此基础上进行定性和定量分析的一种决策方法。层次分析法把人的思维过程层次化、数量化，并用数学方法为分析、决策、预报或控制提供定量的依据。它尤其适合于人的定性判断起主要作用的、对决策结果难于直接准确计量的场合。

（1）层次分析法步骤

①建立层次结构模型。在深入分析实际问题的基础上，将有关因素按照不同

属性自上而下地分解成若干层次，同一层的诸因素从属于上一层的因素或对上层因素有影响，同时又支配下一层的因素或受到下层因素的作用。最上层为目标层，通常只有1个因素，最下层通常为方案或对象层，中间可以有1个或几个层次，通常为准则或指标层。当准则过多时（譬如多于9个）应进一步分解出子准则层。

一般来说，可以将层次分为三种类型：

- 最高层：只包含一个元素，表示决策分析的总目标，因此也称为总目标层。
- 中间层：包含若干层元素，表示实现总目标所涉及的各子目标，包含各种准则、约束、策略等，因此也称为目标层。
- 最低层：表示实现各决策目标的可行方案、措施等，也称为方案层。

典型的递阶层次结构如图6-1所示。

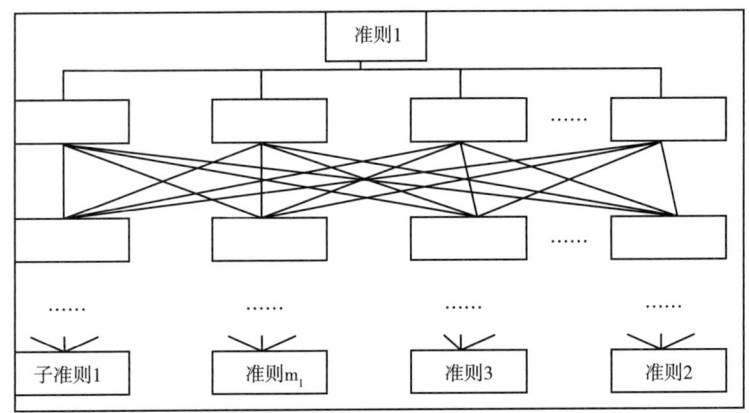

图6-1 典型层次结构图

一个好的递阶层次结构对解决问题极为重要，因此在建立递阶层次结构时，应注意到：

- 从上到下顺序地存在支配关系，用直线段（作用线）表示上一层次因素与下一层次因素之间的关系，同一层次及不相邻元素之间不存在支配关系。
- 整个结构不受层次限制。
- 最高层只有1个因素，每个因素所支配元素一般不超过9个，元素过多可进一步分层。
- 对某些具有子层次结构可引入虚元素，使之成为典型递阶层次结构。

②构造成对比较矩阵。在确定各层次各因素之间的权重时,如果只是定性的结果,则常常不容易被别人接受,因而 Saaty 等人提出一致矩阵法进行权重的计算,即:不把所有因素放在一起比较,而是两两相互比较。对比时采用相对尺度,以尽可能减少性质不同因素相互比较的困难,提高准确度。从层次结构模型的第 2 层开始,对于从属于(或影响)上一层每个因素的同一层诸因素,用成对比较法和 1~9 比较尺度构造成对比较阵,直到最下层。

具体的做法是:设有 m 个目标(方案或元素),根据某一准则,将这 m 个目标两两进行比较,把第 i 个目标(i = 1,2,…,m)对第 j 个目标的相对重要性记为 a_{ij},(j = 1,2,…,m),这样构造的 m 阶矩阵用于求解各个目标关于某准则的优先权重,成为权重解析判断矩阵,简称判断矩阵,记作 A = (a_{ij})m × m。

Satty 于 1980 年根据一般人的认知习惯和判断能力给出了属性间相对重要性等级表(见表 6-1)。利用该表取的值 a_{ij},称为 1~9 标度方法。

表 6-1　　　　　　　　　目标重要性判断矩阵 A 中元素的取值

相对重要性	定义	说明
1	同等重要	两个目标同样重要
3	略微重要	由经验或判断,认为一个目标比另一个略微重要
5	相当重要	由经验或判断,认为一个目标比另一个重要
7	明显重要	深感一个目标比另一个重要,且这种重要性已有实践证明
9	绝对重要	强烈地感到一个目标比另一个重要得多
2、4、6、8	两个相邻判断的中间值	需要折中时采用

资料来源:杨桂元.数学建模[M].上海财经大学出版社,2015:159。

若决策者能够准确估计 a_{ij}(i,j,k = 1,2,…,m),则有:

$$a_{ij} = 1/a_{ji}$$

$$a_{ij} = a_{ik} \cdot a_{kj}$$

$$a_{ii} = 1$$

然后进行单准则下的排序。

层次分析法的信息基础是比较判断矩阵。由于每个准则都支配下一层若干因素,这样对于每一个准则及它所支配的因素都可以得到一个比较判断矩阵。因此，根据比较判断矩阵求得各因素 w_1、w_2、…、w_m 对于准则 A 的相对排序权重的过程称为单准则下的排序。这里设 $A = (a_{ij})m \times m$，$A > 0$。

本征向量法：利用 $AW = \lambda W$ 求出所有 λ 的值，其中 λ_{max} 为 λ 的最大值，求出 λ_{max} 对应的特征向量 W^*，然后把特征向量 W^* 规一化为向量 W，则 $W = [w_1, w_2, \cdots, w_m]$，T 为各个目标的权重。求 λ 需要解 m 次方程，当 $m \geq 3$ 时，计算比较麻烦，可以利用 matlab 来求解。

判断矩阵的近似解法：判断矩阵是决策者主观判断的定量描述，求解判断矩阵不要求过高的精度。这里，介绍三种近似计算方法：根法、和法及幂法。幂法适于在计算机上运算。

Ⅰ. 根法。

（a）A 中每行元素连乘并开 m 次方，得到向量 $W^* = (w_1^*, w_2^*, \cdots, w_m^*)^T$。其中，$w_i^* = \sqrt[m]{\prod_{j=1}^{m} a_{ij}}$。

（b）对 W^* 作归一化处理，得到权重向量 $W = (w_1, w_2, \cdots w_m)^T$，其中 $w_i = w_i^* / \sum_{i=1}^{m} w_i^*$。

（c）对 A 中每列元素求和，得到向量 $S = (s_1, s_2, \cdots s_m)$，其中 $s_j = \sum_{i=1}^{m} a_{ij}$。

（d）计算 λ_{max} 的值，$\lambda_{max} = \sum_{i=1}^{m} s_i w_i = SW = \frac{1}{m} \sum_{i=1}^{m} \frac{(AW)_i}{w_i}$。

Ⅱ. 和法。

（a）将 A 的元素按列作归一化处理，得矩阵 $Q = (q_{ij}) m \times m$。其中，$q_{ij} = a_{ij} / \sum_{k=1}^{m} a_{kj}$。

（b）将 Q 的元素按行相加，得向量 $\alpha = (\alpha_1, \alpha_2, \cdots, \alpha_m)^T$。其中，$\alpha_i = \sum_{j=1}^{m} q_{ij}$。

（c）对向量 α 作归一化处理，得权重向量 $W = (w_1, w_2, \cdots, w_m)^T$，其中 $w_i = \alpha_i / \sum_{k=1}^{m} \alpha_k$。

（d）求出最大特征值 $\lambda_{max} = \frac{1}{m} \sum_{i=1}^{m} \frac{(AW)_i}{w_i}$。

Ⅲ. 幂法。

幂法是一种逐步迭代的方法，经过若干次迭代计算，按照规定的精度，求出判断矩阵 A 的最大特征值及其对应的特征向量。设矩阵 $A = (a_{ij}) m \times m$，$A > 0$，则 $\lim\limits_{k \to \infty} \dfrac{A^k e}{e^T A^k e} = CW$，其中，W 是 A 的最大特征值对应的的特征向量，C 为常数，向量 $e = (1, 1, \cdots, 1)T$。

幂法的计算步骤是：

第一步，任取初始正向量 $X^{(0)} = [x^{1(0)}, x^{2(0)}, \cdots, x^{m(0)}]^T$，计算：

$$m_0 = \| X^{(0)} \|_\infty = \max_i \{ x_i^{(0)} \}, Y^{(0)} = X^{(0)}/m_0$$

第二步，迭代计算，对于 $k = 0, 1, 2, \cdots$，计算：

$$X^{(k+1)} = AY^{(k)}, m_{k+1} = \| X^{(k+1)} \|_\infty = \max_i \{ x_i^{(k+1)} \}, Y^{(k+1)} = X^{(k+1)}/m_{k+1}$$

第三步，精度检查。当 $|m_{k+1} - m_k| < \varepsilon$ 时，转入第四步；否则，令 $k = k + 1$，转入第二步。

第四步，求最大特征值和对应的特征向量，将 $y^{(k+1)}$ 归一化，即：

$$W = Y^{(k+1)} / \sum_{i=1}^{m} y_i^{(k+1)}, \lambda_{max} = m_{k+1}$$

③计算权向量并做一致性检验。对于每一个成对比较阵计算最大特征根及对应特征向量，利用一致性指标、随机一致性指标和一致性比率做一致性检验。若检验通过，特征向量（归一化后）即为权向量；若不通过，需重新构造成对比较阵。

所以，需要进行单准则下的一致性检验。客观事物的复杂性，会使我们的判断带有主观性和片面性，完全要求每次比较判断的思维标准一致是不太可能的。因此，在构造比较判断矩阵时，并不要求 $n(n-1)/2$ 次比较全部一致。但这可能出现甲与乙相比明显重要、乙与丙相比极端重要、丙与甲相比明显重要，这种比较判断严重不一致的情况。我们虽然不要求判断具有一致性，但一个混乱的、经不起推敲的比较判断矩阵有可能导致决策的失误，所以我们希望在判断时应大体一致。而上述计算权重的方法，当判断矩阵过于偏离一致性时，其可靠程度也就值得怀疑了。因此，对于每一层次作单准则排序时，均需要作一致性的检验。

- 一致性指标（Consistency Index，CI）：$CI = \dfrac{\lambda_{max} - m}{m - 1}$。

CI 可以作为衡量不一致程度的数量标准。这里，λ_{max} 为正互反矩阵 A 的最大特征值。如果 λ_{max} 比 m 稍大，则称 A 具有令人满意的一致性；如果 λ_{max} 比 m 大得多，则 A 的不一致程度越严重。

- 随机指标（Random Index，RI）：为了量化 A 满意一致性的具体指标，Saaty 教授采用了如下方法：固定 m，随机构造正互反矩阵 $A = (a_{ij})$。其中，a_{ij}（i < j）是从 1，2，…，9，1/2，1/3，…，1/9 共 17 个数中随机抽取的，此时的 A 是最不一致的。计算 1 000 次上述随机判断矩阵的最大特征值 λ_{max}，计算出 CI 的平均值 RI。

- 一致性比率（Consistency Rate，CR）：CR = CI/RI。

当 CR 取 0.1 时，最大特征值 $\lambda'_{max} = CI \cdot (m - 1) + m = 0.1 \cdot RI \cdot (m - 1) + m$。Saaty 教授给出的 RI 值如表 6-2 所示。

表 6-2　　　　　　　　随机指标 RI，λ'_{max} 取值表

m	1	2	3	4	5	6	7	8	9
RI	0	0	0.58	0.90	1.12	1.24	1.32	1.41	1.45
λ'_{max}			3.116	4.27	5.45	6.62	7.79	8.99	10.16

表中当 n = 1，2 时，RI = 0，这是因为 1，2 阶判断矩阵总是一致的。

当 n ≥ 3 时，若 CR < 0.1，即 $\lambda_{max} < \lambda'_{max}$，认为比较判断矩阵的一致性可以接受；否则应对判断矩阵作适当的修正，直到 λ_{max} 小于 λ'_{max} 通过一致性检验时，求得的 W 才有效。

④层次总排序。计算同一层次中所有元素对最高层（总目标）的相对重要性标度（又称权重向量）称为层次总排序。层次总排序的步骤为：

第一步，计算同一层次所有因素对最高层相对重要性的权重向量，这一过程是自上而下逐层进行。

第二步，设已计算出第 k - 1 层上有 n_{k-1} 个元素相对总目标的权重向量为 $w^{(k-1)} = [w_1^{(k-1)}, w_2^{(k-1)}, \cdots, w_{n(k-1)}^{(k-1)}]^T$。

第三步，第 k 层有 n_k 个元素，它们对于上一层次（第 k - 1 层）的某个元素 u_j 的单准则权重向量为 $p_j^{(k)} = [w_{1j}^{(k)}, w_{2j}^{(k)}, \cdots, w_{nkj}^{(k)}]^T$（对于与 k - 1 层第 i 个

元素无支配关系的对应 u_{ij} 取值为 0)。

第四步，第 k 层相对总目标的权重向量为：

$$w^k = [p_1^{(k)}, p_2^{(k)}, \cdots p_{k-1}^{(k)},]w^{(k-1)}$$

⑤层次总排序的一致性检验。人们在对各层元素作比较时，尽管每一层中所用的比较尺度基本一致，但各层之间仍可能有所差异，而这种差异将随着层次总排序的逐渐计算而累加，因此需要从模型的总体上来检验这种差异尺度的累积是否显著，检验的过程称为层次总排序的一致性检验。

假设第 k-1 层第 j 个元素为比较准则，第 k 层各因素两两比较的层次单排序一致性指标为 CIk-1，平均随机一致性指标为 RIj（k-1），第 k 层的一致性检验指标：

$$CIk = [CI1(k-1), CI2(k-1), \cdots, CInk(k-1)]w(k-1) = CIk-1 \cdot wk-1$$

$$RIk = [RI1(k-1), RI2(k-1), \cdots, RInK(k-1)]w(k-1) = RIk-1 \cdot wk-1$$

$$CRk = CRk-1 + CIk/RIk(3 \leqslant k \leqslant n)$$

当 CRk < 0.1，可认为评价模型在第 k 层水平上整个达到局部满意一致性。

（2）层次分析法的应用

①在应用层次分析法研究问题时，遇到的主要困难有两个：

- 如何根据实际情况抽象出较为贴切的层次结构；
- 如何将某些定性的量作比较接近实际的定量化处理。

层次分析法对人们的思维过程进行了加工整理，提出了一套系统分析问题的方法，为科学管理和决策提供了较有说服力的依据。

②层次分析法也有其局限性，主要表现在：

- 它在很大程度上依赖于人们的经验，主观因素的影响很大，它至多只能排除思维过程中的严重非一致性，却无法排除决策者个人可能存在的严重片面性。
- 比较、判断过程较为粗糙，不能用于精度要求较高的决策问题。AHP 至多只能算是一种半定量（或定性与定量结合）的方法。

6.1.2 熵值法基本原理和步骤

熵（Entropy）的概念首先由德国物理学家鲁道夫·克劳修斯（R. Clausis）1850年提出，再经过后来N. Wiener和C. E. Shannon提出了更广阔的信息熵，如今已广泛应用于社会经济、工程技术等各个领域。熵是系统无序程度的度量，信息是系统有序的度量，两者绝对值相等，符号相反。熵是一种在综合考虑各因素提供信息量的基础上计算一个综合指标的数学方法。作为客观综合定权法，其主要根据各指标传递给决策者的信息量大小来确定权重。熵值法能准确反映产业筛选所含的信息量，可解决产业筛选各指标信息量大、准确进行量化难的问题。

熵是物理学中表示各种可能性的多少，某些物质系统的非均匀宏观状态的无序程度，它表征的是状态的混乱程度，或者说是信息的不确定性，利用评价指标的固有信息来判别指标的效用价值。当我们缺乏对某个系统的知识，其不确定性也随着增加。以抛硬币实验为例，在理想情况下无法预测出现的是正面还是反面，此时熵达到最大。但是对于一些基本常识如太阳的升起方向为东方，完全可以依靠目前的知识，预测该事件肯定会发生，信息熵最小。一个系统越是有序，信息熵就越低；反之，一个系统越是混乱，信息熵就越高。熵的值越大，信息的不确定性越大，则能传输越多的信息；熵越低，则意味着传输的信息越少。所以，可以根据各项指标值的变异程度，利用信息熵这个工具，计算出各指标的权重，为综合评价提供依据。

（1）熵值法基本原理

熵是对信息不确定性的一种量度，熵值越小，所蕴含的信息量越大。所以，当某个属性下的熵值越小时，则说明该属性在决策时的作用越大，就应赋予较大的权重，在一定程度上能避免主观因素带来的偏差，这为确定评价指标的权重提供了科学依据。作为一种客观赋权方法，在具体使用过程中，熵值法根据各指标的变异程度，利用信息熵计算出各指标的熵值，再通过熵值对各指标的权重进行修正，从而得出较为客观的指标权重。

根据熵的特性，我们可以通过计算熵值来判断一个方案的随机性及无序程度,也可以用熵值来判断某个指标的离散程度,指标的离散程度越大,该指标对综合评价的影响越大。因此,可根据各项指标的变异程度,利用信息熵这个工具,计算出各个指标的权重,为多指标综合评价提供依据。指标值 X_{ij} 的差距越大,则该指标在综合评价中所起的作用越大;如果某项指标的指标值全部相等,则该指标在综合评价中不起作用。

(2)熵值法求权重的具体步骤

作为一种客观赋权方法,在具体使用过程中,熵权法根据各指标的变异程度,利用信息熵计算出各指标的熵权,再通过熵权对各指标的权重进行修正,从而得出较为客观的指标权重。此法相对于主观赋值法,精度较高、客观性更强,能够更好地解释所得到的结果。熵值法具体步骤如下:

①数据标准化处理:异质指标同质化。由于指标存在属性和数量级的差异,需要对原始数据进行标准化处理。标准化处理主要解决不同属性数据的加总问题,使不同属性指标变量在综合评价中发挥相同方向的作用,并消除变量的量纲影响。由于各项指标的计量单位并不统一,因此在用它们计算综合指标前,先要对它们进行标准化处理,即把指标的绝对值转化为相对值,并令 $x_{ij} = |x_{ij}|$,从而解决各项不同质指标值的同质化问题。而且,由于正向指标和负向指标数值代表的含义不同(正向指标数值越高越好,负向指标数值越低越好),因此,对于高低指标用不同的算法进行数据标准化处理。其具体方法如下:

$$\text{正向指标}: X'_{ij} = \frac{X_{ij} - \min\{X_j\}}{\max\{X_j\} - \min\{X_j\}}$$

$$\text{负向指标}: X'_{ij} = \frac{\max\{X_j\} - X_{ij}}{\max\{X_j\} - \min\{X_j\}}$$

②计算第 i 年份第 j 项指标值的比重:

$$Y_{ij} = \frac{X'_{ij}}{\sum_{i=1}^{m} X'_{ij}}$$

③计算指标信息熵:

$$e_j = -k \sum_{i=1}^{m} (Y_{ij} \cdot \ln Y_{ij})$$

公式中，$k=(\ln m)^{-1}$ 为常数，与样本数 m 有关。e_j 可以用来度量第 j 项指标的信息（指标的数据）的效用价值，对一个完全无序的系统，有序度为零，其熵值最大，$e_j=1$，此时 e_j 的信息（也就是 j 项指标的数据）对综合评价的效用值为零。m 个样本处于无序分布状态时，$Y_{ij}=1/m$。此时，

$$e_j = -k\sum_{i=1}^{m}\frac{1}{m}\ln\frac{1}{m} = k\sum_{i=1}^{m}\frac{1}{m}\ln m = k\ln m = 1$$

于是，$k=(\ln m)^{-1}$，$0 \leqslant e \leqslant 1$。

从信息熵的公式可以看出：如果某个指标的熵值越小，说明其指标值的变异程度越大，提供的信息量越多，在综合评价中该指标起的作用越大，其权重应该越大；如果某个指标的熵值越大，说明其指标值的变异程度越小，提供的信息量越少，在综合评价中起的作用越小，其权重也应越小。故在具体应用时，可根据各指标值的变异程度，利用熵来计算各指标的熵值，利用各指标的熵值对所有的指标进行加权，从而得出较为客观的评价结果。

④计算信息熵冗余度，即信息效用值，取决于该项指标的信息熵 e_j 与 1 之间的差值。即：

$$d_j = 1 - e_j$$

对于给定的 j，x_{ij} 的差异性越小，则 e_j 越大；当 x_{ij} 全部相等时，$e_j=e_{max}=1$，此时对于方案的比较，作用越大。定义差异性系数 d_j，则当 d_j 越大时，指标越重要。

⑤计算指标权重。利用熵值法估算各指标的权重，其本质是利用该指标信息的价值系数来计算的，其价值系数越高，对评价的重要性就越大（或称对评价结果的贡献越大），因此，可以得到第 j 项指标的权重为：

$$W_j = d_j \Big/ \sum_{j=1}^{n} d_j$$

⑥计算单指标评价得分：

$$S_{ij} = W_j \cdot X'_{ij}$$

式中：X_{ij} 表示第 i 个调查对象或者年份第 j 项评价指标的数值，$\min\{X_j\}$ 和 $\max\{X_j\}$ 分别为所有年份中第 j 项评价指标的最小值和最大值，$k=1/\ln m$，其中 m 为调查对象或评价年数，n 为指标数。

用第 j 项指标权重 W_j 与标准化矩阵中第 i 个样本第 j 项评价指标接近度 X'_{ij} 的乘积作为 X'_{ij} 的评价值 S_{ij}，即 $S_{ij} = W_j \cdot X'_{ij}$，第 i 个样本的评价值 $S_i = \sum_{j=1}^{n} S_{ij}$。显然，$S_{ij}$ 的值越大，S_{ij} 样本的效果越好。比较所有的 S_{ij}，就能够得到最终的结论。

熵值法是客观赋权法，是利用评价指标的固有信息来判别指标的效用价值，从而在一定程度上避免了主观因素带来的偏差。但熵值法存在两个缺点：一是缺乏各指标之间的横向比较；二是各指标的权重随着样本的变化而变化，权数依赖于样本，在应用上受到限制。

6.1.3 层次分析法与熵值综合赋权法

评价指标权重的方法有很多，常用的方法大致分为两类：一类是主观赋权法，如 Delphi 法、层次分析法等。这类方法可以根据不同区域的具体情况有针对性地赋权，有一定的客观基础，但其原始数据主要是由专家根据经验判断得到，所以受人为因素的影响也较大，往往带有很大的主观意愿，可能夸大或降低某些指标的作用，致使排序的结果不能完全真实地反映事物间的现实关系。另一类是客观赋权法，即根据各指标间的相互关系或各项指标的变异程度来确定权重，如熵值法、主成分分析法、因子分析法等。这些方法不必征求专家的意见，避免了人为主观因素带来的偏差，使系数具有绝对的客观性，但是可能会因为数学方法的共性，对具体的问题没有针对性，也可能导致确定的权数有时与指标的实际重要程度相悖，不能实事求是地反映具体问题的变化情况。

基于上述原因，用主观赋权和客观赋权相结合的方法进行赋权，即用"层次分析法+熵值法"综合赋权法，这样结合两种方法的优点，避免两种方法的缺点，尽量做到科学、客观、真实。

通过以上层次分析法和熵值法分别求得相应的权重 w_i 和 w_j。层次分析法在赋权的过程中相对比较主观，而熵值法在赋权的过程中很客观，为了吸取两种方法的长处，避免两种方法上的缺陷，让权重更加准确和更加符合实际，本研究采用主观和客观相结合，也就是层次分析法和熵值法相结合的赋权方法，即：用层次分析法求得的权重和熵值法求得的权重进行综合再赋权。

$$W = aw_i + (1-\alpha)w_j$$

式中，W 为综合权重，a 为主观偏好系数，1 - a 为客观偏好系数，a ∈ [0, 1]，a 的具体值由决策者的具体偏好决定给出。

6.2 层次分析法和熵值法的实证结果

6.2.1 层次分析法实证过程

借鉴桑培东、张炜（2016）的问卷调查结果，对保险资金参与 PPP 项目涉及的风险进行合理排序，并结合其他学者的研究，得到结果如下：市场风险 B2 比宏观风险更为重要，赋值为 8；项目风险相对于宏观风险非常重要，赋值为 5；项目风险相对于市场风险比较重要，赋值为 4。在方案层中，政策风险 P1 比法律风险较为重要，赋值为 3。2016 年 7 月 3 日，原中国保监会发布公告，《保险资金间接投资基础设施项目管理办法》审议通过，于 2016 年 8 月 1 日起正式实施。该办法明确，保险资金可以间接投资基础设施项目，同时参与 PPP 项目的投资，标志着我国保险资金正式可以开始投资于 PPP 项目。因此，保险资金参与 PPP 的法律风险已经不存在，而社会风险相对重要性上升，社会风险相对政策风险比较重要，P31 赋值为 4.5。以此类推进行各层次赋值。

在研究了保险业参与 PPP 的相关理论与实践之后，设计出相应的风险、收益、投向与影响因素层次结构图。经过对第二层次和方案层比较矩阵的多次调试，第二、第三层次比较判断矩阵通过了层次单排序及一致性检验，同时经过调试，层次总排序也通过了一致性检验，因此得到的层次分析图及相关结果。

第一步，通过软件分析和数据挖掘，研究得到保险资金投资 PPP 项目的风险、收益、影响因素和投向四个决策层的递阶层次结构图。各层次结构图最高一层为各自的总目标。

第二层设计为方案评价的准则层，包含两到五个准则，以风险控制总目标为例：B1：宏观风险；B2：项目风险；B3：市场风险。最底层为方案层，包含 P1～P10 十种方案（评价指标），包括：法律风险 P2、政策风险 P1、社会风险 P3、建设风险 P8、决策风险 P7、环境风险 P5、信用风险 P10、流动性风险 P10、运营风险 P9、融资风险 P4、市场风险 P6。以此类推，形成图 6-2～图 6-5。

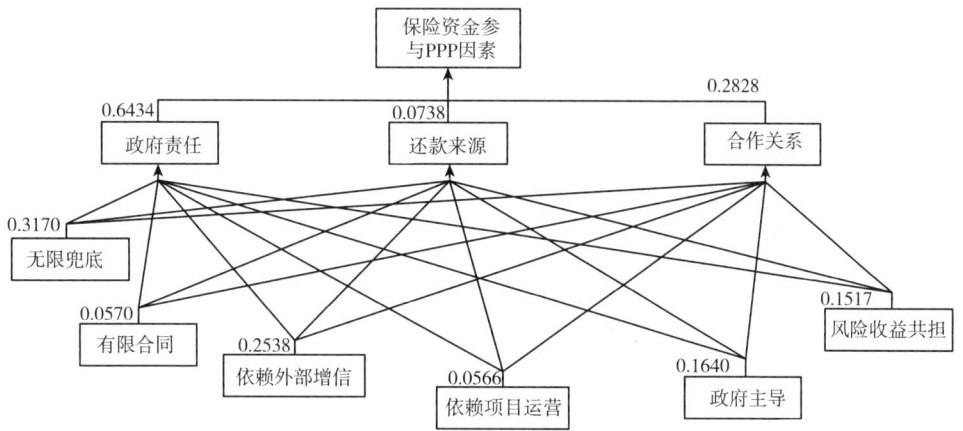

图 6-2 保险资金参与 PPP 因素层次结构图

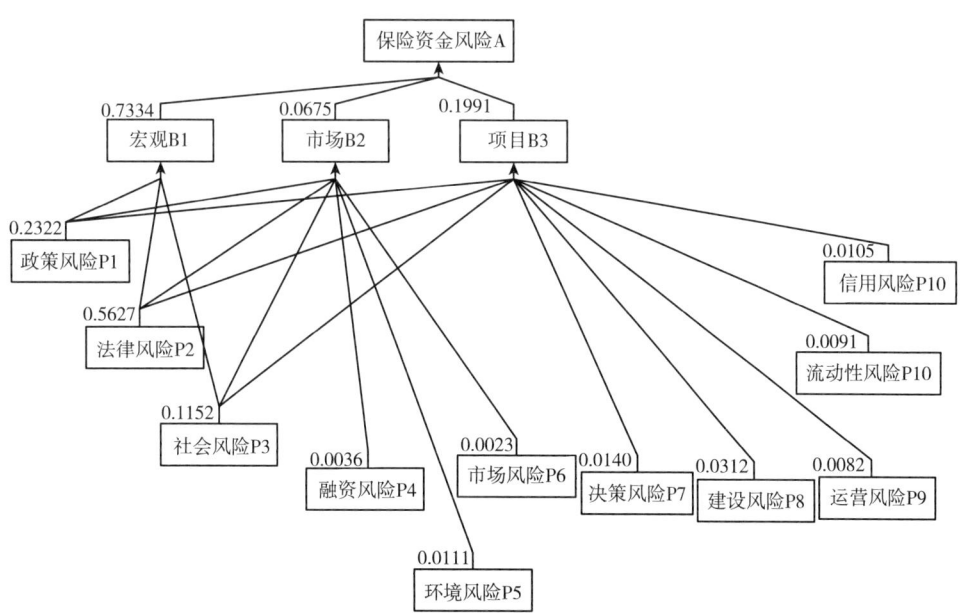

图 6-3 保险资金参与 PPP 风险层次结构图

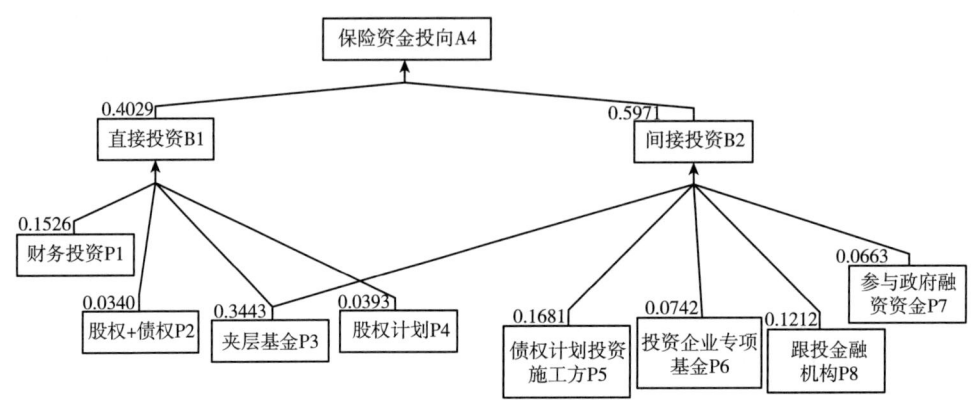

图 6-4 保险资金参与 PPP 投向层次结构图

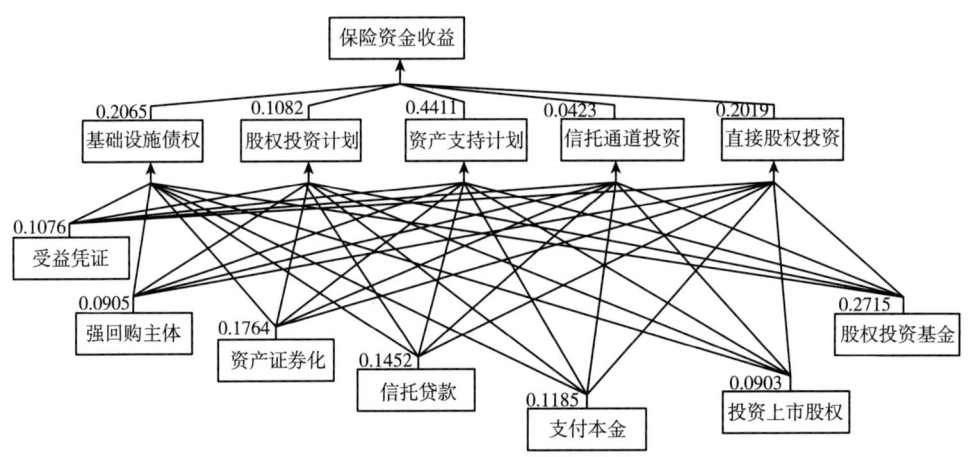

图 6-5 保险资金参与 PPP 收益层次结构图

第二步，构造比较判断矩阵。

假设一：A 为比较准则，B 层次各因素的两两判断矩阵为 M，类似地，以每一个 B_i 为比较准则，P 层次各因素的两两比较判断矩阵 B_i-P（i=1，2，3，4），由此得到四个判断矩阵。

第三步，综合各个专家意见，结合我国保险资金参与 PPP 实践的具体状况、国家对于保险资金参与 PPP 的监管形势，构造第三层对第二层的各个比较判断矩阵，经过计算，得到了相应的权重，一并进入实证结果进行列表。

6.2.2 层次分析法实证结果

(1) 实证结果

①保险资金参与 PPP 的风险。

● 幂法结果。从表 6-3 结果看,我国保险资金投资 PPP 项目的众多风险当中,首要的是法律风险。但结合 2016 年 7 月 3 日原中国保监会发布的《保险资金间接投资基础设施项目管理办法》,阻碍保险资金投资 PPP 的法律风险基本得到扫除,代之以政策风险成为当前我国保险资金进入 PPP 项目的最大风险。鉴于地方政府债务扩展的态势,以及国家对房地产的调控措施,地方政府土地财政难以为继,依靠卖地收入偿还债务的可能性越来越小,使得 PPP 项目的政策风险加大。因此,应当将政策风险权重排在第一位,而社会风险处于第二位。其他风险的权重较小。准则层、方案层的具体权重系数矩阵列表如表 6-4~表 6-8,以便比较。

表 6-3　　　　　　　风险方案层中要素对决策目标的排序权重表

备选方案	权重
法律风险 P2	0.5627
政策风险 P1	0.2322
社会风险 P3	0.1152
建设风险 P8	0.0312
决策风险 P7	0.0140
环境风险 P5	0.0111
信用风险 P10	0.0105
流动性风险 P10	0.0091
运营风险 P9	0.0082
融资风险 P4	0.0036
市场风险 P6	0.0023

注:标度类型:1-9。

表 6-4 第 1 个中间层中要素对决策目标的排序权重表

中间层要素	权重
宏观 B1	0.7334
项目 B3	0.1991
市场 B2	0.0675

表 6-5 风险目标层中权重系数矩阵表

保险资金风险 A 一致性比例：0.0904；对"保险资金风险 A"的权重：1.0000；λmax：3.0940

保险资金风险 A	宏观 B1	项目 B3	市场 B2	Wi
宏观 B1	1.0000	5.0000	8.0000	0.7334
项目 B3	0.2000	1.0000	4.0000	0.1991
市场 B2	0.1250	0.2500	1.0000	0.0675

表 6-6 中间层中权重系数矩阵表（1）

宏观 B1 一致性比例：0.0707；对"保险资金风险 A"的权重：0.7334；λmax：3.0735

宏观 B1	政策风险 P1	法律风险 P2	社会风险 P3	Wi
政策风险 P1	1.0000	0.3333	4.5000	0.2793
法律风险 P2	3.0000	1.0000	6.0000	0.6394
社会风险 P3	0.2222	0.1667	1.0000	0.0813

表 6-7 中间层中权重系数矩阵表（2）

项目 B3 一致性比例：0.0846；对"保险资金风险 A"的权重：0.1991；λmax：8.8345

项目 B3	政策风险 P1	法律风险 P2	社会风险 P3	流动性风险 P10	决策风险 P7	建设风险 P8	运营风险 P9	信用风险 P10	Wi
政策风险 P1	1.0000	0.2500	0.3333	1.0000	1.0000	0.3333	5.0000	5.0000	0.1004
法律风险 P2	4.0000	1.0000	3.0000	4.0000	5.0000	3.0000	7.0000	7.0000	0.3380
社会风险 P3	3.0000	0.3333	1.0000	5.0000	3.0000	2.0000	5.0000	3.0000	0.1952
流动性风险 P10	1.0000	0.2500	0.2000	1.0000	0.5000	0.2500	1.0000	0.3333	0.0456
决策风险 P7	1.0000	0.2000	0.3333	2.0000	1.0000	0.3333	3.0000	1.0000	0.0705
建设风险 P8	3.0000	0.3333	0.5000	4.0000	3.0000	1.0000	4.0000	3.0000	0.1566
运营风险 P9	0.2000	0.1429	0.2000	1.0000	0.3333	0.2500	1.0000	2.0000	0.0410
信用风险 P10	0.2000	0.1429	0.3333	3.0000	1.0000	0.3333	0.5000	1.0000	0.0528

第6章 基于层次分析法的保险资金参与 PPP 项目决策研究

表6-8　　　　　　　　　中间层中权重系数矩阵表（3）

市场 B2　一致性比例：0.0953；对"保险资金风险 A"的权重：0.0675；λmax：6.6002

市场 B2	政策风险 P1	法律风险 P2	社会风险 P3	融资风险 P4	环境风险 P5	市场风险 P6	Wi
政策风险 P1	1.0000	0.3333	0.3333	4.0000	0.3333	4.0000	0.1096
法律风险 P2	3.0000	1.0000	3.0000	5.0000	4.0000	6.0000	0.3920
社会风险 P3	3.0000	0.3333	1.0000	5.0000	3.0000	5.0000	0.2474
融资风险 P4	0.2500	0.2000	0.2000	1.0000	0.2500	3.0000	0.0530
环境风险 P5	3.0000	0.2500	0.3333	4.0000	1.0000	6.0000	0.1646
市场风险 P6	0.2500	0.1667	0.2000	0.3333	0.1667	1.0000	0.0334

- 和法结果。从表6-9结果看，利用和法得到的风险层次分析模型结果中，首要风险仍然是法律风险。这与幂法得到的结果类似，仅在权重系数上相差近1个百分点。其他方面的风险排序权重都和幂法的结果类似，因此，可以认为法律风险是保险资金参与 PPP 项目的主要风险之一。在国家大力鼓励保险资金投资 PPP 项目消除了法律风险之后，保险资金在未来的 PPP 项目融资中将扮演越来越重要的角色。为便于比较，表6-9~表6-14列出了方案层排序系数矩阵。

表6-9　　　　　风险方案层中要素对决策目标的排序权重表

方案层中要素对决策目标的排序权重

备选方案	权重
法律风险 P2	0.5539
政策风险 P1	0.2340
社会风险 P3	0.1172
建设风险 P8	0.0321
决策风险 P7	0.0147
环境风险 P5	0.0120
信用风险 P10	0.0114
流动性风险 P10	0.0095
运营风险 P9	0.0086
融资风险 P4	0.0041
市场风险 P6	0.0025

表6-10　第1个中间层中要素对决策目标的排序权重表

中间层要素	权重
宏观B1	1.0000
市场B2	0.0000
项目B3	0.0000

表6-11　中间层中权重系数矩阵表（1）

保险资金风险A　一致性比例：0.0922；对"保险资金风险A"的权重：1.0000；λmax：3.0959

保险资金风险A	宏观B1	项目B3	市场B2	Wi
宏观B1	1.0000	5.0000	8.0000	0.7234
项目B3	0.2000	1.0000	4.0000	0.2062
市场B2	0.1250	0.2500	1.0000	0.0704

表6-12　中间层中权重系数矩阵表（2）

宏观B1　一致性比例：0.0714；对"保险资金风险A"的权重：1.0000；λmax：3.0743

宏观B1	政策风险P1	法律风险P2	社会风险P3	Wi
政策风险P1	1.0000	0.3333	4.5000	0.2835
法律风险P2	3.0000	1.0000	6.0000	0.6330
社会风险P3	0.2222	0.1667	1.0000	0.0836

表6-13　中间层中权重系数矩阵表（3）

项目B3　一致性比例：0.0858；对"保险资金风险A"的权重：0.0000；λmax：8.8471

项目B3	政策风险P1	法律风险P2	社会风险P3	流动性风险P10	决策风险P7	建设风险P8	运营风险P9	信用风险P10	Wi
政策风险P1	1.0000	0.2500	0.3333	1.0000	1.0000	0.3333	5.0000	5.0000	0.0997
法律风险P2	4.0000	1.0000	3.0000	4.0000	5.0000	3.0000	7.0000	7.0000	0.3361
社会风险P3	3.0000	0.3333	1.0000	5.0000	3.0000	2.0000	5.0000	3.0000	0.1936
流动性风险P10	1.0000	0.2500	0.2000	1.0000	0.5000	0.2500	1.0000	0.3333	0.0463
决策风险P7	1.0000	0.2000	0.3333	2.0000	1.0000	0.3333	3.0000	1.0000	0.0715
建设风险P8	3.0000	0.3333	0.5000	4.0000	3.0000	1.0000	4.0000	3.0000	0.1557
运营风险P9	0.2000	0.1429	0.2000	1.0000	0.3333	0.2500	1.0000	2.0000	0.0417
信用风险P10	0.2000	0.1429	0.3333	3.0000	1.0000	0.3333	0.5000	1.0000	0.0555

表 6-14　　　　　　　　中间层中权重系数矩阵表（4）

市场 B2　一致性比例：0.0976；对"保险资金风险 A"的权重：0.0000；λmax：6.6147

市场 B2	政策风险 P1	法律风险 P2	社会风险 P3	融资风险 P4	环境风险 P5	市场风险 P6	Wi
政策风险 P1	1.0000	0.3333	0.3333	4.0000	0.3333	4.0000	0.1187
法律风险 P2	3.0000	1.0000	3.0000	5.0000	4.0000	6.0000	0.3786
社会风险 P3	3.0000	0.3333	1.0000	5.0000	3.0000	5.0000	0.2384
融资风险 P4	0.2500	0.2000	0.2000	1.0000	0.2500	3.0000	0.0585
环境风险 P5	3.0000	0.2500	0.3333	4.0000	1.0000	6.0000	0.1704
市场风险 P6	0.2500	0.1667	0.2000	0.3333	0.1667	1.0000	0.0354

- 根法结果。从表 6-15 结果看，利用根法得到的结果与以上幂法、和法两种解法得到的结果类似。在此略过相关的分析。仅列出软件运行结果，如表 6-15～表 6-20 所示。

表 6-15　　　　　方案层中要素对决策目标的排序权重表

备选方案	权重
法律风险 P2	0.5642
政策风险 P1	0.2301
社会风险 P3	0.1165
建设风险 P8	0.0318
决策风险 P7	0.0145
环境风险 P5	0.0110
信用风险 P10	0.0096
流动性风险 P10	0.0086
运营风险 P9	0.0078
融资风险 P4	0.0036
市场风险 P6	0.0023

表 6-16　　　　中间层第 1 个中间层中要素对决策目标的排序权重表

中间层要素	权重
宏观 B1	0.7334
项目 B3	0.1991
市场 B2	0.0675

年度课题专著 5-3

保险资金参与 PPP 项目：风险管理与退出机制

表 6-17　　　　　　　中间层中权重系数矩阵表（1）

保险资金风险 A　　一致性比例：0.0904；对"保险资金风险 A"的权重：1.0000；λmax：3.0940

保险资金风险 A	宏观 B1	项目 B3	市场 B2	Wi
宏观 B1	1.0000	5.0000	8.0000	0.7334
项目 B3	0.2000	1.0000	4.0000	0.1991
市场 B2	0.1250	0.2500	1.0000	0.0675

表 6-18　　　　　　　中间层中权重系数矩阵表（2）

宏观 B1　　一致性比例：0.0707；对"保险资金风险 A"的权重：0.7334；λmax：3.0735

宏观 B1	政策风险 P1	法律风险 P2	社会风险 P3	Wi
政策风险 P1	1.0000	0.3333	4.5000	0.2793
法律风险 P2	3.0000	1.0000	6.0000	0.6394
社会风险 P3	0.2222	0.1667	1.0000	0.0813

表 6-19　　　　　　　中间层中权重系数矩阵表（3）

项目 B3　　一致性比例：0.0821；对"保险资金风险 A"的权重：0.1991；λmax：8.8099

项目 B3	政策风险 P1	法律风险 P2	社会风险 P3	流动性风险 P10	决策风险 P7	建设风险 P8	运营风险 P9	信用风险 P10	Wi
政策风险 P1	1.0000	0.2500	0.3333	1.0000	1.0000	0.3333	5.0000	5.0000	0.0894
法律风险 P2	4.0000	1.0000	3.0000	4.0000	5.0000	3.0000	7.0000	7.0000	0.3466
社会风险 P3	3.0000	0.3333	1.0000	5.0000	3.0000	2.0000	5.0000	3.0000	0.2009
流动性风险 P10	1.0000	0.2500	0.2000	1.0000	0.5000	0.2500	1.0000	0.3333	0.0433
决策风险 P7	1.0000	0.2000	0.3333	2.0000	1.0000	0.3333	3.0000	1.0000	0.0728
建设风险 P8	3.0000	0.3333	0.5000	4.0000	3.0000	1.0000	4.0000	3.0000	0.1598
运营风险 P9	0.2000	0.1429	0.2000	1.0000	0.3333	0.2500	1.0000	2.0000	0.0392
信用风险 P10	0.2000	0.1429	0.3333	3.0000	1.0000	0.3333	0.5000	1.0000	0.0480

表 6-20　　　　　　　中间层中权重系数矩阵表（4）

市场 B2　　一致性比例：0.0952；对"保险资金风险 A"的权重：0.0675；λmax：6.5997

市场 B2	政策风险 P1	法律风险 P2	社会风险 P3	融资风险 P4	环境风险 P5	市场风险 P6	Wi
政策风险 P1	1.0000	0.3333	0.3333	4.0000	0.3333	4.0000	0.1112
法律风险 P2	3.0000	1.0000	3.0000	5.0000	4.0000	6.0000	0.3886
社会风险 P3	3.0000	0.3333	1.0000	5.0000	3.0000	5.0000	0.2492
融资风险 P4	0.2500	0.2000	0.2000	1.0000	0.2500	3.0000	0.0537
环境风险 P5	3.0000	0.2500	0.3333	4.0000	1.0000	6.0000	0.1636
市场风险 P6	0.2500	0.1667	0.2000	0.3333	0.1667	1.0000	0.0337

②保险资金参与 PPP 的方式选择。

- 幂法结果。从表 6-21 结果看，我国保险资金投资 PPP 项目的众多参与方式当中，股权投资基金方式具有最大的权重，权重占比为 27.15%；其他方式占比为资产证券化占比 17.64%，信托贷款等占比 14.52%。通过幂法实证结果的分析可以发现，在参与 PPP 项目的具体方式选择上，保险资金应当重点考虑的是以股权投资基金的方式介入 PPP 项目中，其次是资产证券化，再次是信托贷款等方式。而投资上市公司的股权也有近 10% 的权重，说明各种投资方式中，保险资金的选择空间较大，投资方式的选择可以灵活处理。准则层、方案层的具体权重系数矩阵列表如表 6-24~表 6-28，以便比较。

表 6-21　　　　　　　方案层中要素对决策目标的排序权重表

备选方案	权重
股权投资基金	0.2715
资产证券化	0.1764
信托贷款	0.1452
支付本金	0.1185
受益凭证	0.1076
强回购主体	0.0905
投资上市股权	0.0903

表 6-22　　　　　第 1 个中间层中要素对决策目标的排序权重表

中间层要素	权重
资产支持计划	0.4411
基础设施债权	0.2065
直接股权投资	0.2019
股权投资计划	0.1082
信托通道投资	0.0423

表 6-23　　　　　　　　中间层中权重系数矩阵表（1）

保险资金收益　一致性比例：0.0797；对"保险资金收益"的权重：1.0000；λmax：5.3570

保险资金收益	基础设施债权	资产支持计划	股权投资计划	信托通道投资	直接股权投资	Wi
基础设施债权	1.0000	0.5000	3.0000	6.0000	0.5000	0.2065
资产支持计划	2.0000	1.0000	6.0000	6.0000	3.0000	0.4411

续表

保险资金收益	基础设施债权	资产支持计划	股权投资计划	信托通道投资	直接股权投资	Wi
股权投资计划	0.3333	0.1667	1.0000	3.0000	1.0000	0.1082
信托通道投资	0.1667	0.1667	0.3333	1.0000	0.2000	0.0423
直接股权投资	2.0000	0.3333	1.0000	5.0000	1.0000	0.2019

表6-24　　　　　　中间层中权重系数矩阵表（2）

基础设施债权　一致性比例：0.0951；对"保险资金收益"的权重：0.2065；λmax：7.7761

基础设施债权	受益凭证	强回购主体	资产证券化	信托贷款	支付本金	投资上市股权	股权投资基金	Wi
受益凭证	1.0000	0.5000	3.0000	0.2500	9.0000	3.0000	0.3333	0.1227
强回购主体	2.0000	1.0000	3.0000	0.2000	9.0000	3.0000	0.5000	0.1500
资产证券化	0.3333	0.3333	1.0000	0.2500	9.0000	3.0000	0.5000	0.0900
信托贷款	4.0000	5.0000	4.0000	1.0000	9.0000	3.0000	3.0000	0.3719
支付本金	0.1111	0.1111	0.1111	0.1111	1.0000	0.5000	0.1667	0.0204
投资上市股权	0.3333	0.3333	0.3333	0.3333	2.0000	1.0000	0.2000	0.0480
股权投资基金	3.0000	2.0000	2.0000	0.3333	6.0000	5.0000	1.0000	0.1970

表6-25　　　　　　中间层中权重系数矩阵表（3）

资产支持计划　一致性比例：0.0829；对"保险资金收益"的权重：0.4411；λmax：7.6765

资产支持计划	受益凭证	强回购主体	资产证券化	信托贷款	支付本金	投资上市股权	股权投资基金	Wi
受益凭证	1.0000	5.0000	0.3333	1.0000	0.3333	5.0000	0.2000	0.1113
强回购主体	0.2000	1.0000	0.5000	1.0000	0.3333	4.0000	0.2500	0.0668
资产证券化	3.0000	2.0000	1.0000	3.0000	0.3333	5.0000	0.3333	0.1529
信托贷款	1.0000	1.0000	0.3333	1.0000	0.2500	4.0000	0.3333	0.0760
支付本金	3.0000	3.0000	3.0000	4.0000	1.0000	5.0000	0.5000	0.2392
投资上市股权	0.2000	0.2500	0.2000	0.2500	0.2000	1.0000	0.1429	0.0274
股权投资基金	5.0000	4.0000	3.0000	3.0000	2.0000	7.0000	1.0000	0.3265

表6-26　　　　　　中间层中权重系数矩阵表（4）

股权投资计划　一致性比例：0.0935；对"保险资金收益"的权重：0.1082；λmax：7.7630

股权投资计划	受益凭证	强回购主体	资产证券化	信托贷款	支付本金	投资上市股权	股权投资基金	Wi
受益凭证	1.0000	3.0000	0.3333	3.0000	3.0000	0.3333	0.3333	0.1175
强回购主体	0.3333	1.0000	0.3333	1.0000	5.0000	0.3333	0.3333	0.0763

续表

股权投资计划	受益凭证	强回购主体	资产证券化	信托贷款	支付本金	投资上市股权	股权投资基金	Wi
资产证券化	3.0000	3.0000	1.0000	5.0000	6.0000	0.3333	0.5000	0.2030
信托贷款	0.3333	1.0000	0.2000	1.0000	5.0000	0.3333	0.5000	0.0777
支付本金	0.3333	0.2000	0.1667	0.2000	1.0000	0.2500	0.2500	0.0335
投资上市股权	3.0000	3.0000	3.0000	4.0000	1.0000	1.0000	1.0000	0.2640
股权投资基金	3.0000	3.0000	2.0000	2.0000	4.0000	1.0000	1.0000	0.2279

表 6-27　中间层中权重系数矩阵表（5）

信托通道投资　一致性比例：0.0917；对"保险资金收益"的权重：0.0423；λmax：7.7484

信托通道投资	受益凭证	强回购主体	资产证券化	信托贷款	支付本金	投资上市股权	股权投资基金	Wi
受益凭证	1.0000	3.0000	0.5000	3.0000	3.0000	0.3333	2.0000	0.1572
强回购主体	0.3333	1.0000	0.3333	4.0000	4.0000	0.2500	0.2500	0.0836
资产证券化	2.0000	3.0000	1.0000	4.0000	3.0000	0.3333	1.0000	0.1711
信托贷款	0.3333	0.2500	0.2500	1.0000	3.0000	0.1250	0.5000	0.0508
支付本金	0.3333	0.2500	0.3333	0.3333	1.0000	0.1250	0.1250	0.0312
投资上市股权	3.0000	4.0000	3.0000	8.0000	8.0000	1.0000	1.0000	0.3202
股权投资基金	0.5000	4.0000	1.0000	2.0000	8.0000	1.0000	1.0000	0.1860

表 6-28　中间层中权重系数矩阵表（6）

直接股权投资　一致性比例：0.0884；对"保险资金收益"的权重：0.2019；λmax：7.7211

直接股权投资	受益凭证	强回购主体	资产证券化	信托贷款	支付本金	投资上市股权	股权投资基金	Wi
受益凭证	1.0000	0.5000	0.2500	0.5000	9.0000	0.3333	0.2500	0.0687
强回购主体	2.0000	1.0000	0.2000	0.3333	9.0000	0.5000	0.5000	0.0904
资产证券化	4.0000	5.0000	1.0000	4.0000	9.0000	3.0000	1.0000	0.3030
信托贷款	2.0000	3.0000	0.2500	1.0000	9.0000	0.5000	0.3333	0.1204
支付本金	0.1111	0.1111	0.1111	0.1111	1.0000	0.2500	0.1111	0.0189
投资上市股权	3.0000	2.0000	0.3333	2.0000	4.0000	1.0000	0.2500	0.1297
股权投资基金	4.0000	2.0000	1.0000	3.0000	9.0000	4.0000	1.0000	0.2690

• 根法、和法结果。从表 6 – 29 结果看，利用根法得到的结果与以上幂法、和法两种解法得到的结果类似。在此略过相关的分析。仅列出软件运行结果，如表 6 – 29 ~ 表 6 – 36 所示，其中和法结果略。

表 6 – 29　　　　方案层中要素对决策目标的排序权重表

备选方案	权重
股权投资基金	0.2776
资产证券化	0.1756
信托贷款	0.1433
支付本金	0.1210
受益凭证	0.1021
强回购主体	0.0905
投资上市股权	0.0898

表 6 – 30　　　　第 1 个中间层中要素对决策目标的排序权重表

中间层要素	权重
资产支持计划	0.4483
基础设施债权	0.2067
直接股权投资	0.1946
股权投资计划	0.1069
信托通道投资	0.0435

表 6 – 31　　　　中间层中权重系数矩阵表（1）

保险资金收益 A1　　一致性比例：0.0792；对"保险资金收益 A1"的权重：1.0000；λmax：5.3548

保险资金收益 A1	基础设施债权	资产支持计划	股权投资计划	信托通道投资	直接股权投资	Wi
基础设施债权	1.0000	0.5000	3.0000	6.0000	0.5000	0.2067
资产支持计划	2.0000	1.0000	6.0000	6.0000	3.0000	0.4483
股权投资计划	0.3333	0.1667	1.0000	3.0000	1.0000	0.1069
信托通道投资	0.1667	0.1667	0.3333	1.0000	0.2000	0.0435
直接股权投资	2.0000	0.3333	1.0000	5.0000	1.0000	0.1946

表 6-32　　　　　　　　　中间层中权重系数矩阵表（2）

基础设施债权　一致性比例：0.0947；对"保险资金收益 A1"的权重：0.2067；λmax：7.7724

基础设施债权	受益凭证	强回购主体	资产证券化	信托贷款	支付本金	投资上市股权	股权投资基金	Wi
受益凭证	1.0000	0.5000	3.0000	0.2500	9.0000	3.0000	0.3333	0.1226
强回购主体	2.0000	1.0000	3.0000	0.2000	9.0000	3.0000	0.5000	0.1535
资产证券化	0.3333	0.3333	1.0000	0.2500	9.0000	3.0000	0.5000	0.0896
信托贷款	4.0000	5.0000	4.0000	1.0000	9.0000	3.0000	3.0000	0.3612
支付本金	0.1111	0.1111	0.1111	0.1111	1.0000	0.5000	0.1667	0.0206
投资上市股权	0.3333	0.3333	0.3333	0.3333	2.0000	1.0000	0.2000	0.0483
股权投资基金	3.0000	2.0000	2.0000	0.3333	6.0000	5.0000	1.0000	0.2043

表 6-33　　　　　　　　　中间层中权重系数矩阵表（3）

资产支持计划　一致性比例：0.0819；对"保险资金收益 A1"的权重：0.4483；λmax：7.6680

资产支持计划	受益凭证	强回购主体	资产证券化	信托贷款	支付本金	投资上市股权	股权投资基金	Wi
受益凭证	1.0000	5.0000	0.3333	1.0000	0.3333	5.0000	0.2000	0.1000
强回购主体	0.2000	1.0000	0.5000	1.0000	0.3333	4.0000	0.2500	0.0669
资产证券化	3.0000	2.0000	1.0000	3.0000	0.3333	5.0000	0.3333	0.1511
信托贷款	1.0000	1.0000	0.3333	1.0000	0.2500	4.0000	0.3333	0.0794
支付本金	3.0000	3.0000	3.0000	4.0000	1.0000	5.0000	0.5000	0.2419
投资上市股权	0.2000	0.2500	0.2000	0.2500	0.2000	1.0000	0.1429	0.0278
股权投资基金	5.0000	4.0000	3.0000	3.0000	2.0000	7.0000	1.0000	0.3329

表 6-34　　　　　　　　　中间层中权重系数矩阵表（4）

股权投资计划　一致性比例：0.0931；对"保险资金收益 A1"的权重：0.1069；λmax：7.7593

股权投资计划	受益凭证	强回购主体	资产证券化	信托贷款	支付本金	投资上市股权	股权投资基金	Wi
受益凭证	1.0000	3.0000	0.3333	3.0000	3.0000	0.3333	0.3333	0.1155
强回购主体	0.3333	1.0000	0.3333	1.0000	5.0000	0.3333	0.3333	0.0776
资产证券化	3.0000	3.0000	1.0000	5.0000	6.0000	0.3333	0.5000	0.1990
信托贷款	0.3333	1.0000	0.2000	1.0000	5.0000	0.3333	0.5000	0.0765
支付本金	0.3333	0.2000	0.1667	0.2000	1.0000	0.2500	0.2500	0.0325
投资上市股权	3.0000	3.0000	3.0000	3.0000	4.0000	1.0000	1.0000	0.2639
股权投资基金	3.0000	3.0000	2.0000	2.0000	4.0000	1.0000	1.0000	0.2350

保险资金参与 PPP 项目：风险管理与退出机制

表 6 – 35　　　　　中间层中权重系数矩阵表（5）

信托通道投资　一致性比例：0.0912；对"保险资金收益 A1"的权重：0.0435；λmax：7.7441

信托通道投资	受益凭证	强回购主体	资产证券化	信托贷款	支付本金	投资上市股权	股权投资基金	Wi
受益凭证	1.0000	3.0000	0.5000	3.0000	3.0000	0.3333	2.0000	0.1509
强回购主体	0.3333	1.0000	0.3333	4.0000	4.0000	0.2500	0.2500	0.0805
资产证券化	2.0000	3.0000	1.0000	4.0000	3.0000	0.3333	1.0000	0.1736
信托贷款	0.3333	0.2500	0.2500	1.0000	3.0000	0.1250	0.5000	0.0499
支付本金	0.3333	0.2500	0.3333	0.3333	1.0000	0.1250	0.1250	0.0312
投资上市股权	3.0000	4.0000	3.0000	8.0000	8.0000	1.0000	1.0000	0.3331
股权投资基金	0.5000	4.0000	1.0000	2.0000	8.0000	1.0000	1.0000	0.1808

表 6 – 36　　　　　中间层中权重系数矩阵表（6）

直接股权投资　一致性比例：0.0876；对"保险资金收益 A1"的权重：0.1946；λmax：7.7147

直接股权投资	受益凭证	强回购主体	资产证券化	信托贷款	支付本金	投资上市股权	股权投资基金	Wi
受益凭证	1.0000	0.5000	0.2500	0.5000	9.0000	0.3333	0.2500	0.0671
强回购主体	2.0000	1.0000	0.2000	0.3333	9.0000	0.5000	0.5000	0.0875
资产证券化	4.0000	5.0000	1.0000	4.0000	9.0000	3.0000	1.0000	0.3112
信托贷款	2.0000	3.0000	0.2500	1.0000	9.0000	0.5000	0.3333	0.1167
支付本金	0.1111	0.1111	0.1111	0.1111	1.0000	0.2500	0.1111	0.0177
投资上市股权	3.0000	2.0000	0.3333	2.0000	4.0000	1.0000	0.2500	0.1267
股权投资基金	4.0000	2.0000	1.0000	3.0000	9.0000	4.0000	1.0000	0.2730

③保险资金参与 PPP 的投向选择。

● 幂法结果。从表 6 – 37 结果看，我国保险资金投资 PPP 项目的投资方向上，夹层基金占据绝对的优势，权重占比为 33.88%；其他方式占比为债权投资施工方占比 17.13%，财务投资占比 15.19%，同时跟投其他金融机构也占比 10% 以上。通过幂法实证结果发现，在参与 PPP 项目的投资方向选择上，保险资金应当重点考虑的是通过私募基金，主要是夹层基金的方式介入 PPP 项目中，其次利用债权方式投资于 PPP 项目的施工方，再次是对 PPP 项目进行直接的财务投资，四是跟随其他金融机构如商业银行、证券公司等投资于 PPP 项目，其他方式相对占比较小。仔细分析准则层、方案层的具体权重系数矩阵列表，发现保险资金参与 PPP 模式，更有利的方式是间接投资，原因在于间接投资方式可以使保险公司在 PPP 项目筛选上，借助于商业银行等金融机构的专业优势，同时节省了保险资金与地方政府的谈判过程。具体系数列表如表 6-38～表 6-41，以便比较。

表 6-37　　　　　　　方案层中要素对决策目标的排序权重表

备选方案	权重
夹层基金 P3	0.3388
债权计划投资施工方 P5	0.1713
财务投资 P1	0.1519
跟投金融机构 P8	0.1197
投资企业专项基金 P6	0.0771
参与政府融资资金 P7	0.0671
股权计划 P4	0.0396
股权+债权 P2	0.0343

表 6-38　　　　　　第 1 个中间层中要素对决策目标的排序权重表

中间层要素	权重
间接投资 B2	0.6667
直接投资 B1	0.3333

表 6-39　　　　　　　　中间层中权重系数矩阵表（1）

保险资金投向 A4　一致性比例：0.0000；对"保险资金投向 A4"的权重：1.0000；λmax：2.0000

保险资金投向 A4	直接投资 B1	间接投资 B2	Wi
直接投资 B1	1.0000	0.5000	0.3333
间接投资 B2	2.0000	1.0000	0.6667

表 6-40　　　　　　　　中间层中权重系数矩阵表（2）

直接投资 B1　一致性比例：0.0265；对"保险资金投向 A4"的权重：0.3333；λmax：4.0709

直接投资 B1	财务投资 P1	股权+债权 P2	夹层基金 P3	股权计划 P4	Wi
财务投资 P1	1.0000	4.0000	2.0000	3.0000	0.4558
股权+债权 P2	0.2500	1.0000	0.2500	1.0000	0.1030
夹层基金 P3	0.5000	4.0000	1.0000	3.0000	0.3223
股权计划 P4	0.3333	1.0000	0.3333	1.0000	0.1189

表6-41 中间层中权重系数矩阵表（3）

间接投资B2 一致性比例：0.0935；对"保险资金投向A4"的权重：0.6667；λmax：5.4190

间接投资B2	夹层基金P3	债权计划投资施工方P5	投资企业专项基金P6	参与政府融资资金P7	跟投金融机构P8	Wi
夹层基金P3	1.0000	3.0000	3.0000	3.0000	1.0000	0.3471
债权计划投资施工方P5	0.3333	1.0000	3.0000	3.0000	2.0000	0.2569
投资企业专项基金P6	0.3333	0.3333	1.0000	2.0000	0.5000	0.1157
参与政府融资资金P7	0.3333	0.3333	0.5000	1.0000	1.0000	0.1007
跟投金融机构P8	1.0000	0.5000	2.0000	1.0000	1.0000	0.1795

- 根法、和法结果。利用根法得到的结果与以上幂法、和法两种解法得到的结果类似。在此略过相关的分析。

④保险资金参与PPP的影响因素。

- 幂法结果。从表6-42结果看，我国保险资金投资PPP项目存在较多的影响因素，其中具有决定作用的是政府的无限兜底承诺，权重占比为31.74%，这说明在我国PPP成功的关键因素还在于政府。其次是依赖外部增信，占比为25.75%；再次是政府主体PPP项目以及建立风险收益共担机制。在我国保险资金参与PPP的过程中，政府因素起着至关重要的作用，政府及其增信平台公司是决定PPP项目成败的关键。保险资金是否参与PPP项目及其成功率如何，很大程度上取决于当地政府的态度以及还款承诺。为进一步说明政府的作用，准则层、方案层的具体权重系数矩阵列表如表6-43～表6-47，以便比较。

表6-42 险资参与PPP影响因素方案层中要素对决策目标的排序权重表

备选方案	权重
无限兜底	0.3174
依赖外部增信	0.2575
政府主导	0.1618
风险收益共担	0.1549
有限合同	0.0558
依赖项目运营	0.0526

表6-43 第1个中间层中要素对决策目标的排序权重表

中间层要素	权重
政府责任	0.6491
合作关系	0.2790
还款来源	0.0719

表6-44 中间层中权重系数矩阵表（1）

保险资金参与PPP因素 一致性比例：0.0624；对"保险资金参与PPP因素"的权重：1.0000；λmax：3.0649

保险资金参与PPP因素	政府责任	合作关系	还款来源	Wi
政府责任	1.0000	3.0000	7.0000	0.6491
合作关系	0.3333	1.0000	5.0000	0.2790
还款来源	0.1429	0.2000	1.0000	0.0719

表6-45 中间层中权重系数矩阵表（2）

政府责任 一致性比例：0.0956；对"保险资金参与PPP因素"的权重：0.6491；λmax：6.6021

政府责任	无限兜底	有限合同	依赖外部增信	依赖项目运营	政府主导	风险收益共担	Wi
无限兜底	1.0000	8.0000	2.0000	3.0000	4.0000	3.0000	0.3588
有限合同	0.1250	1.0000	0.2500	0.5000	0.5000	0.2500	0.0420
依赖外部增信	0.5000	4.0000	1.0000	6.0000	2.0000	2.0000	0.2313
依赖项目运营	0.3333	2.0000	0.1667	1.0000	0.2000	0.1667	0.0532
政府主导	0.2500	2.0000	0.5000	5.0000	1.0000	0.2500	0.1083
风险收益共担	0.3333	4.0000	0.5000	6.0000	4.0000	1.0000	0.2063

表6-46 中间层中权重系数矩阵表（3）

合作关系 一致性比例：0.0416；对"保险资金参与PPP因素"的权重：0.2790；λmax：6.2620

合作关系	无限兜底	有限合同	依赖外部增信	依赖项目运营	政府主导	风险收益共担	Wi
无限兜底	1.0000	4.0000	0.5000	5.0000	1.0000	5.0000	0.2451
有限合同	0.2500	1.0000	0.2500	2.0000	0.2500	3.0000	0.0886
依赖外部增信	2.0000	4.0000	1.0000	4.0000	1.0000	5.0000	0.3003
依赖项目运营	0.2000	0.5000	0.2500	1.0000	0.2500	0.5000	0.0497
政府主导	1.0000	4.0000	1.0000	4.0000	1.0000	5.0000	0.2612
风险收益共担	0.2000	0.3333	0.2000	2.0000	0.2000	1.0000	0.0551

保险资金参与 PPP 项目：风险管理与退出机制

表 6－47　　　　　　　中间层中权重系数矩阵表（4）

还款来源　一致性比例：0.0767；对"保险资金参与 PPP 因素"的权重：0.0719；λmax：6.4831

还款来源	无限兜底	有限合同	依赖外部增信	依赖项目运营	政府主导	风险收益共担	Wi
无限兜底	1.0000	7.0000	0.3333	3.0000	1.0000	4.0000	0.2239
有限合同	0.1429	1.0000	0.3333	1.0000	0.2000	0.5000	0.0530
依赖外部增信	3.0000	3.0000	1.0000	5.0000	2.0000	2.0000	0.3279
依赖项目运营	0.3333	1.0000	0.2000	1.0000	0.2000	1.0000	0.0589
政府主导	1.0000	5.0000	0.5000	5.0000	1.0000	6.0000	0.2582
风险收益共担	0.2500	2.0000	0.5000	1.0000	0.1667	1.0000	0.0780

● 根法、和法结果。利用根法得到的结果与以上幂法、和法两种解法得到的结果类似。在此略过相关的分析。

6.2.3　熵值法综合赋权结果

利用熵值法的几大步骤，根据熵值法的计算公式，以保险资金投入 PPP 的直接和间接投资方式为例进行熵值计算，得到如下结果。

(1) 各指标的标准化处理（见表 6－48）

表 6－48　　　　　　　p 阶矩阵表

保险资金投向 A4	直接投资 B1	间接投资 B2
直接投资 B1	0.333	0.333
间接投资 B2	0.667	0.667

(2) 计算各指标的熵值（见表 6－49）

表 6－49　　　　　　　熵值表

保险资金投向 A4	直接投资 B1	间接投资 B2
Ej	－0.91796214	－0.91796214

(3) 计算各指标的熵权（见表 6-50）

表 6-50　　　　　　　　　　　熵权表

保险资金投向 A4	直接投资 B1	间接投资 B2
Wj	0.5	0.5

(4) 计算各指标得分（见表 6-51）

表 6-51　　　　　　　　　　各指标得分表

保险资金投向 A4	直接投资 B1	间接投资 B2
Sij	0.5	0.5

从熵权法给出的客观赋权来看，各指标的熵权比重一样。

(5) 熵权层次分析法的综合赋权分析

利用专门的层次分析法软件 yaahp10.5 和 excel 得到的上述实证结果，属于主观赋权和客观赋权的两种方法，为了克服两者的缺点，进行综合赋权。为了体现真实客观的科研绩效评价，层次分析法推出的主观赋权假设综合权重占比为10%，而客观赋权的熵权法占比为90%，进行综合衡量。用层次分析法求得的权重和熵值法求得的权重进行综合再赋权。

$$W = aw_i + (1-\alpha)w_j$$

其中，a 为层次分析法占比，根据实际情况，假设为 10%，w_i、w_j 分别是层次分析法和熵权法所得到的各指标具体权重，得到表 6-52。

表 6-52　　　　　　　　　　　综合权重表

保险资金投向 A4	直接投资 B1	间接投资 B2
W	0.52	0.48

根据表 6-52，综合熵权法和层次分析法的各自赋权，得出相对客观的赋权结论，即从综合权重比例来看，保险资金参与间接投资于 PPP 的权重与直接投资的权重差不多。而考虑到保险资金的主要工作应为保险合同的赔偿与给付，保险

投资是副产品。保险资金直接投资 PPP 项目，占用大量的人力、物力和财力，而间接投资则可避免保险主业受到冲击，因此，保险公司应当将精力放在间接投资上。在实际操作上，决策中应当在本研究成果基础上给予间接投资更多权重。其他因素得到的熵值综合赋权结果与层次分析结果类似，故在此略过。

6.3 结 论

第一，保险资金承担较大的风险与责任。保险资金投资 PPP，困难在于部分保险资金认为 PPP 项目风险难于管控、责任较大。由于 PPP 在我国开始实践的时间短，缺乏实践操作经验，同时理论准备不足，大多数关于 PPP 的研究来源于英国、美国等 PPP 相对成熟的国家，符合我国国情的 PPP 理论尚处于探索之中。保险资金运用以安全性为第一要务，因此，在与各地 PPP 项目的谈判中，将最大限度地保障资金安全作为谈判重点，要求 PPP 项目方提供一定的增信措施，通常以 AAA 企业增信或者政府平台公司增信，加大了 PPP 项目的难度。

第二，PPP 融资成本相对较高，削弱了项目的积极性。保险资金为了自身安全，在谈判中设置 AAA 企业的增信作为谈判条件之一，增加了地方政府在 PPP 项目上的融资成本，导致利息率较高，对一些本身财政并不宽松的地方政府来说，增加的成本降低了政府与保险资金签订 PPP 投资合同的积极性。对于本身就很复杂的 PPP 合同而言，增加的成本加大合同签约的难度，最终导致 PPP 落地数量减少。

第三，保险资金在参与 PPP 项目运作中，既需要大胆有为，又应该谨慎选择相关项目，做到风险可控、收益适中、方式灵活。在当前地方政府债务扩展、国家对房地产的调控措施、地方政府土地财政难以为继的情况下，政府卖地收入不足以偿还债务的可能性加大，加大了保险资金投资 PPP 项目的政策风险，因此在选择 PPP 项目时，保险资金应当重点考虑地方政府的信誉、项目违约的可能性和政府政策的连贯性。其次，理清 PPP 项目涉及的社会风险，估计社会风险的发生概率和风险单位，尽力做到风险可控和最小化损失。同时，利用多种 PPP 参与方式获取合理收益，在保持资产流动性和安全性的前提下，尽量筛选出优质项目，获得相对较好的收益。最后，利用PPP项目的多种投资形式，灵活处理，既要大胆尝试新的PPP投资模式，又要保证这种尝试的风险在保险资金的可控范围内。

总之，保险资金参与PPP项目投资的决策，符合国家的大政方针，为社会经济发展提供了更多、更稳定的资金来源，能够服务于供给侧改革的经济大局，是一种需要保险资金认真思考、积极投入的项目投资。在具体的参与过程中，保险资金应当把握的总体原则是风险可控、收益适中、方式灵活，做到保险资金的安全性、流动性和收益性的统一。

第 7 章
相关建议

7.1 针对监管层工作方面的建议

7.1.1 完善PPP法律及政策体系

PPP涉及各种利益、周期长、结构复杂，PPP项目要顺利实施，离不开良好的政策基础、健全的法制环境和稳定的政府支持，建议国务院有关部门加快推进PPP统一立法工作，解决目前不同方面、不同层级法规制度存在的冲突，进一步明确部门分工，明确政府和社会资本的权利义务，逐步构建和完善促进PPP项目发展、保护社会公共利益、保障合作双方权益的制度体系，重视对社会资本方等私人部门利益的保护，尤其要重视政府违约时对社会资本方利益的保护，明确法律保障及争端解决机制，降低项目所在地政府可能对争端的行政干扰。完善金融、税收、土地等相关配套政策，降低融资、税收、用地等成本。这样才能吸引更多的社会资本进入，缓解政府的财政压力，推进基础设施建设，满足公共服务需求，实现各方的互利共赢。

从我国PPP监管的政策历程来看，呈现出了稳步细化的趋势，政策引导与规范越来越贴近业务操作层面，给各参与主体提供了明确的指导，在方向把握上也更加精准和灵活。然而，在政策密集出台、不断查缺补漏的过程中，PPP相关法律法规的系统性推出亦具有十分重要的保障作用。应继续加强PPP资产证券化以及PPP二级市场的制度建设和创新。一方面，由于PPP资产证券化的标准化程度较低，而投资者往往不能够花费较多的精力进行逐一甄别，那么建设一个可以将证券化产品自动"分门别类"的平台，将大大减少投资者进行投资决策和风险判断的精力耗费，从一定程度上提升其投资证券化产品的热情；另一方面，针对目前银行间交易商协会和沪、深证券交易所相对独立的资产证券化交易市场，尝试探索跨市场的发行与交易，将有益于提高证券化产品在二级市场的流动性。必要时，亦可尝试资产证券化的做市商制度，为投资者提供双边报价的服务。

7.1.2 完善 PPP 项目风险分担机制

风险合理分担是 PPP 项目风险管理的重要原则，也是 PPP 项目风险管理的关键环节和重要措施。PPP 项目成功的基础，就是采取有效措施预见、预防风险，并将可能的风险在政府和社会资本之间进行合理分配。风险分配不合理，将增加一方或者双方的成本，进而可能影响项目的进行甚至导致项目失败。风险分担的目的是减少风险发生的可能性以及降低风险发生后的损失，提高项目的吸引力，吸引政府和社会资本方开展合作，降低社会的总成本，实现社会效益、公共利益、政府、企业利益的和谐共赢。PPP 风险分担的原则是将可能的风险在政府和社会资本之间进行合理的分配，各方承担的风险程度与所得的回报大小相匹配。因此，在进行 PPP 风险分配机制设计时，应确保是由能实现社会利益最大化的一方承担风险，即哪一方最有可能预防、避免或将某类风险的损失降到最低，该类风险即由哪一方主要承担，即"政府的归政府，社会的归社会"。对于政府风险、政策法规风险中与政府行为关系较为密切的，由政府承担；对于市场风险、运营风险中与企业关系较为密切的，由企业承担；对于双方都不具备控制力、无法预防、避免、预测的风险，诸如不可抗力风险等，要综合考虑双方的承受能力、取得的收益等，约定风险分担机制，风险的承担要和收益成正比例，不能由一方承担无限制的风险。在 PPP 项目中，政府不能一味追求转移全部或者大部分风险给企业，更不能利用自己掌握行政资源、经济数据等优势，强迫或引诱社会资本承担不该承担的风险，社会资本也不能利用政府部门缺乏专业判断能力，获得额外的利益，增加政府可能承担的责任，双方要考虑各自的承担能力、风险管控能力，合理分担风险。政府和包括保险机构在内的社会资本方要建立充分的互信，双方应在互信的基础上，在项目前期进行多次谈判，尽可能考虑和约定所有细节，并以合同的形式将项目风险分担责任固定下来。

然而在实践中，由于政府在 PPP 项目中掌握更大的话语权、更多的资源，往往比较强势，或者担心因为缺乏经验而让社会资本方赚取更多利润，所以在制定合同时往往尽可能让政府方少承担风险，将大部分风险转移给社会资本方，给企业带来额外的负担和风险。短期看，有利于政府减少风险，但是长期可能会影响项目的运行，损害政府信用，影响社会资本参与的积极性。因此，应完善合理的风险分担机制，平衡好各方利益，以发挥社会效益、保护公众利益、提高项目整体收益和效率为出发点，根据收益和风险管理能力，在各参与方之间合理分配风险，既不能由社会资本方承担绝大部分风险，也不能搞政府兜底。

7.1.3　设立市场化 PPP 交易平台

首先，建议对进入 PPP 资产交易场所的项目设定准入标准，保证资产合规性及质量，推进 PPP 资产交易的标准化建设；其次，建议围绕资产平台培育一批包括评级机构、资产评估机构、律师事务所、咨询机构等在内的具有 PPP 专业能力的中介机构群体；第三，建议围绕资产平台，培育一批社会保险、商业保险、银行、基金、上市公司等既了解 PPP 又能承担相应风险，提供期限较长的资金，追求稳定回报而非暴利的投资者群体，打通 PPP 资产交易从准入、交易到投资的全链条畅通渠道。为了方便保险资金退出 PPP 项目，可以设立国家级的 PPP 交易所或交易流转平台。在 PPP 项目交易平台（所）可实现产权、股权、债权的顺畅交易，保障保险资金和其他社会资本更为便捷迅速的退出，增强项目的流动性。PPP 交易所或交易流转平台的建立，可保持保险资金等社会资本参与 PPP 项目的动力和活力，是未来保险资金退出的重要方式。

7.1.4　建立政府违约保险机制

由于监管层和市场共同在 PPP 建设和投融资领域不断摸索，监管政策和政府行为也在不断改进和更新，在探索的过程中，可能出现某些基础设施项目刚刚完成融资，或是刚刚开始动工建设，就遭遇地方政府或国家政策的调整，而对项目的如期进行或收益获得的保障产生影响。另外，随着地方政府融资平台模式的不断转型，地方政府的负债结构和模式不断修正，但债务压力整体仍旧较大，部分地方政府的违约风险不容忽视。对此，监管层面应尽早设立违约风险保障机制，建立违约补救的工作机制,以消除保险资金等社会资本方参与 PPP 投融资的疑虑,也为其投资环境提供相应的制度保障。

7.1.5 完善相关信息披露机制

PPP 项目本身就具有非标准性和复杂性,以其未来现金流作为还款保障的资产证券化产品和专项债券,由于嵌套更多的结构,使投资者更难以准确识别风险。同时,在各参与主体积极参与 PPP 项目的热潮中,项目本身的财务信息、经营状况等量化数据的披露工作尚不够到位。社会资本介入 PPP 决策所依据的信息的缺失,将大大降低其参与积极性和对风险的把控能力。这就需要加强相关的信息披露工作,监管层面加强对入库的 PPP 项目信息披露进行更规范的要求和整合,要求提供可用于 PPP 定量评价体系的数据,为社会资本的决策提供可靠的依据。

国家发展和改革委员会、财政部等有关部门对 PPP 信息化建设非常重视,目前,已建立并运行了 PPP 项目库等综合信息平台等。2017 年初,财政部印发了《政府和社会资本合作(PPP)综合信息平台信息公开管理暂行办法》,专门就 PPP 项目全生命周期的不同阶段信息公开的内容做了规定。建议有关部门在做好项目的储备和信息化管理的基础上,进一步完善和建设全国统一的信用信息共享渠道,实现信息公开的全面、透明,力求做"真 PPP";公布各地方政府及社会资本的履约情况,公布违约失信行为,通过政府监督和社会监督渠道,提高参与方履约意识,确保各方"真做 PPP"。同时,进一步完善 PPP 项目资产交易平台的建设,建立 PPP 信息的披露制度,保险行业主管部门和保险资管协会可以基于中国保险资产管理协会的"资产管理信息交互系统"搭建 PPP 项目资源共享平台,并依托上海保险交易所的保险资产登记交易平台建立 PPP 项目资产交易平台,对接国家发展和改革委员会、财政部以及地方 PPP 项目库和 PPP 交易平台,构建保险行业 PPP 二级市场退出机制,确保资产交易能够公开公正透明的进行,避免国有资产流失,也为 PPP 项目的退出营造良好的环境,从而鼓励更多的社会资本参与到 PPP 项目建设中来。最后,监管机构借助信用评级机构的作用,充分履行向投资者揭示风险的职能,通过建立专业化的 PPP 专项债信息披露平台,间接服务于公共领域的建设与发展。

7.1.6 充分发挥中介机构的作用

PPP项目咨询涉及工程、财务、法律、金融等众多领域，支持和培育完善专业中介机构能够很好地为PPP项目的顺利进行服务。与政府和企业相比，专业的中介机构在专业人才和项目经验上具有明显优势，如咨询机构、管理机构和技术服务机构等。建议政府有关部门通过行业协会加大对专门机构的支持力度，培养一批熟悉PPP项目融资、建设、运营的专门人才，支持保险机构打造PPP投资团队，提升PPP项目投资和管理能力。

下面主要以信用评级为例分析中介机构在风险管理中发挥的作用。

信用评级对PPP项目信用风险的揭示和预警，主要体现在对PPP项目参与方的履约情况和尽职能力、项目现金流的稳健性与还本付息能力、交易结构、信用风险缓释措施、增信措施等的分析上，以此来评估保险资金等投资者在投资PPP项目时能否按时足额获得本金及利息的可能性。具体包括对项目合作方信用风险、项目资产风险、交易结构风险、潜在的政策和法律风险的揭示和预警。

（1）揭示和预警PPP项目合作方的信用风险

在国外成熟的PPP项目中，通常通过发起SPV（特殊目的公司），使项目公司以自身资产预期收益作为还款来源，来实现与母公司的风险隔离。但目前中国的PPP模式，通常是由公共部门和社会资本合作成立项目公司，项目公司在很大程度上还不能完全脱离母公司的信用支持，评级公司就需要重点考察各参与方的尽职能力。

公共机构（政府或者政府授权的部门、事业单位或国有企业）作为PPP项目的发起人，需要考察其财政实力与履约能力。社会资本，作为PPP项目的重要合作方，其雄厚的资金实力、投资能力、管理经验、专业水平、良好的信誉等也是考察的重点。评级公司对项目各参与方的分析方法与企业主体长期信用评级方法相近，主要包括以下几个方面：企业基本情况及历史沿革、行业现状及发展趋势、经营管理状况、财务情况、偿债能力以及对专项计划债券的综合保障能力。通过对上述几点的分析，来揭示和预警项目合作各方的信用风险。

（2）揭示和预警 PPP 项目资产的风险

对项目资产的风险分析也是了解整个项目风险非常重要的一环。资产分析首先就要明确资产类型，然后剖析 PPP 项目外部运营环境、自身运营模式以及历史运营情况等来判断现金流是否稳定。

明晰资产类型是信用评级工作的前提。关于资产方面的信用评级打分，评级公司更多的是关注资产的质量和信用，例如资产是否具有持续运营能力；关注影响资产未来现金流大小及分布的各种内外部干扰因素等。此外，对于不同的权益类型资产，评级机构的关注要点可以继续进行深化。

对于收费收益权类的资产，不同的付费方式，评级公司的关注点也有所不同。对于政府付费的项目，评级公司重点关注政府级别、地方政府财政实力，以及第三方主体信用级别；对于使用者付费的项目，重点关注资产质量和主体信用级别；对于以可行性缺口补助为付费方式的项目，则主要关注实际缺口大小、第三方主体信用或者增信措施效力等。例如对于高速公路收费权，评级机构在评估现金流收入时要考虑通行费价格标准、国家政策与地方政策的调整、计重收费政策等。此外，经济发展态势、汽车保有量、路网结构与建设、人口与增长趋势、其他交通工具的竞争、通行车辆结构、油价因素、高速公路质量与维护等也是信用评级要关注的要点。

对于既有债权类资产，由于其一般采用政府付费方式，重点关注政府级别、列入人大预算的政府付费期限与项目期限和拟发行证券期限的匹配程度；对于未形成政府债权的项目，则重点关注发起人的信用级别、道德风险和经营风险等因素。对于政府付费购买项目中，其付款义务通常附有前置条件，并受绩效考核等因素影响，因此需要更加细分来分析。对于运营收入依靠政府付费购买的项目，重点关注付费的确认准则及财政的支付能力，如可用性付费、使用量付费和可用性付费或使用量付费加绩效付费等。对于运营收入主要依靠财政补贴的项目，此类项目使用者购买通常占比很小，需要重点关注缺口的确认准则（如确保满足 8% 的投资回报）及财政的支付能力等。

资产也有部分表现为股权的形式。在实际操作中评级公司对于此类资产多从期限、流动性、风险收益等角度进行思考。

此外，围绕现金流的大小及其稳定性、可持续性进行分析，评级机构还重点关注以下内容：第一，合约详细条款，如费用支付方式及确认准则、违约、替代等约束条件，截至基准日，应能判定已满足基本付款条件；第二，对于刚性付款义务重点关注支付方（通常为政府或其授权主体）的支付能力及意愿，对于或有浮动付款部分，关注合约细节及历史实现记录；第三，项目的持续经营能力（GCA），价格、技术、操作等风险分析；第四，财政支付能力，如当地经济社会发展情况以及财政收支情况，同时判断其支付义务的履行是否具有一定优先地位。综上分析，基础资产作为PPP项目最重要的考虑因素和环节，在PPP信用评级中占据重要的作用。

（3）揭示和预警交易结构的风险

PPP项目资产的信用风险水平对于整个PPP项目的信用水平有很大影响，但是资金归集方式、流动性管理、触发机制、增信措施、信用风险缓释措施等交易结构设计也不容忽视。

具体而言，针对现金流归集、划转与监管措施，则主要关注账户设置及现金流划转流程、基础资产现金流归集机制的封闭性和独立性、现金流归集和转付必备频率的匹配程度、风险缓释措施等。

针对流动性管理，评级公司的关注重点在于每个支付节点现金流流入与证券涉及的匹配与保障度。

针对触发机制，评级公司重点关注触发条件、触发顺序、操作流程等，来考察违约事件以及提前清偿事件等对证券投资者的影响。

针对增信措施，则重点考察增信措施的效力。对于主要增信主体的信用风险分析主要用于揭示其对证券的保障能力，其分析方法主要包括以下几个方面：企业基本情况及历史沿革、行业现状及发展趋势、经营管理状况、财务情况、偿债能力以及对专项计划债券的综合保障能力。

针对风险缓释措施，关注对产品信用影响较大的各类风险是否存在缓释措施启动机制以及风险缓释效力，进而逐一排查相关风险及缓释措施。以PPP资产证券化项目为例，评级公司重点关注以下几个方面：①资金混同风险：需关注基础资产现金流划转至专项计划账户的频率，明确监管账户资金的监管安排。②流动性风险：需关注在已有的现金流分配顺序下现金流超额覆盖情况以及是否设置了相应的流动性支持机制。③持续运营风险：需关注是否设置了由社会资本方或其他关联方等对原始权益人提供流动性支持承诺。④物权风险：需关注对基础资产相关抵质押物权利负担的解除安排。⑤再投资风险：需关注交易结构设置是否对专项计划账户内闲置资金的再投资做出明确限定。

（4）揭示和预警潜在的法律及政策风险

评级公司主要关注 PPP 项目资产的真实性、合法合规性，交易结构相关文件的法律效应，以及日后法律环境变化可能带来的风险。关注政策风险，如特许经营权政策、安全和环保政策、城市规划变动等。例如 PPP 项目资产证券化产品中，特许经营收费收入转让的合规性就是考察的重点。特许经营收费收入转让的合规性包括两个方面：一是特许经营权同时转让时的合规性；二是特许经营权未同时转让时的合规性。

对于特许经营权同时转让时的合规性，《市政公用事业特许经营管理办法》第十八条规定，获得特许经营权的企业在特许经营期间擅自转让、出租特许经营权的，主管部门应当依法终止特许经营协议，取消其特许经营权，并可以实施临时接管。但是在《基础设施和公用事业特许经营法》征求意见稿中，明确规定特许经营者在事先征得实施机关的同意后，可将权利和义务转移至项目公司的，应签订书面协议。至于专项计划作为 SPV 能否成为特许经营权的持有主体，目前法律法规尚未有明确规定。评级认为，允许专项计划持有特许经营权将有利于进一步实现真实出售和破产隔离等资产证券化所需要素，为在 PPP 项目中进行资产证券化操作带来便利，但在实际操作中难以实现。

特许经营权未同时转让时的合规性。如特许经营权未同时转让的，意味着特许经营权仍属于原始权益人，而依托于特许经营权产生的收费收入已转让给专项计划。同样会产生收益权项目中的真实出售及破产隔离问题。如当原始权益人破产时，从目前来看，特许经营权所产生的收费收入应当纳入破产财产的范围。

对于相关财政补贴收入所对应的债权部分转让性质上属于债权转让。《合同法》第八十条规定，债权人转让权利的，应当通知债务人。未经通知，该转让对债务人不发生效力。债权人转让权利的通知不得撤销，但经受让人同意的除外。因此，在该部分基础资产转让时，原始权益人应当按照上述规定对债务人政府履行相应的通知义务。

关注潜在的法律及政策风险也是揭示整个PPP项目风险中不可忽视的一环。

信用评级机构根据规范的指标体系和科学的评级方法对PPP项目的信用风险进行评估，充分地揭示了PPP项目的信用风险状况。保险机构可以参考评级机构对PPP项目的评级分析报告及评级结果，并根据自己的风险偏好做出投资决策。因此，信用评级能够向保险公司揭示和预警PPP项目的信用风险。

7.2 针对基础设施市场方面的建议

7.2.1 合理引入民营资本，实现良性循环

在我国，基础设施建设的工作主要由政府主导，国有企业承担实施，在保证了基础设施供给的规模和质量的同时，却也在无形中降低了基础设施建设工作的市场化水平。在基础设施建设需求处于高位增长、民营资本实力和创新能力不断提高的形势下，提高基础设施建设的市场化水平刻不容缓。

在该方面，可以借助国有企业混合所有制改革的契机，在建筑施工、市政运营等领域引入民营资本，形成从政府主导，逐步演进成为公私合作，甚至由优秀的民营资本独立运营的良好局面；通过政策引导，充分调动民营资本的参与热情，并为公众提供高水平、高效率的公共基础设施和服务。

7.2.2 提高公共服务的市场化定价水平

推进基础设施产品与服务的市场化定价水平，拉长成本和收益的测算周期，广泛听取使用者的意见；从重视基础设施建设的速度和规模，逐渐转变到重视终身的运营养护和服务的提供，通过付费者的反馈和市场化选择，推进基础设施和公共服务的质量提升。

7.2.3 保证基础设施 PPP 项目建设和运营的效率

PPP 项目的参与者众多,且其属性多样,既包括政府、国有企业、民营企业,又包括服务于其中的第三方机构。由于各主体立场和决策流程存在差异,期间将耗费巨大的沟通成本。因此,为保证基础设施 PPP 项目建设和运营的效率,本文建议成立相关 PPP 参与主体的情况数据库,包括资产规模、盈利能力等可以量化的基础数据,亦包括其在 PPP 项目中的参与程度、履约偏好等相对难以量化的描述性记载,供后续参与者进行参考,亦可对市场主体产生一定的约束和监督作用。

7.3 针对保险资金投资方面的建议

7.3.1 审慎选择 PPP 项目和合作伙伴

在具体细分行业的选择上,建议人身保险公司和财产保险公司可以根据自身实际情况,主动选择贴近主业且能反哺保险主业的 PPP 行业。例如,人身保险公司可以选择相对熟悉的养老、医疗等相关基础建设和服务的 PPP 项目,既匹配了资金的期限,也因产业的熟悉程度高而有能力更好地把控风险。

投资 PPP 项目,要进行充分的市场调研和预测,包括对项目本身的评价和所处区域财政能力、行业整体发展水平的衡量。在对项目进行评价时,应该关注下面几点。首先,项目是否符合国家的相关法规,是否符合国家相关产业政策方向,是否获得地方政府的支持等。41 号文明确规定保险资金投资 PPP 项目需"属于国家级或省级重点项目,已履行审批、核准、备案手续和 PPP 实施方案审查审批程序,并纳入国家发展改革委 PPP 项目库或财政部全国 PPP 综合信息平台项目库",同时,还为保险资金投资涉及"一带一路"倡议、京津冀协同发展等符合国家发展的重大项目注册开辟了绿色通道。其次,项目是否具有实际的市场需求，是否具有完善的运营模式，是否具有稳定预期回报或者纳入政府中长期运算、财政规划，是否符合保险资金的特性。41号文规定，保险资金参与的投资计划需"具有预期稳定现金流"，"所处区域金融环境和信用环境良好，政府负债水平较低"等是这一关注的制度体现。目前，各地出现了上马PPP项目的热潮，从保险资金配置布局的角度讲，首先要看项目是否真正可行，真实的市场需求比纳入政府预算更为重要，如果项目实际不可行，政府也很难履约。其次要看项目是否采用PPP模式，优先考虑风险不高、具有长期稳定投资回报的项目。这样的项目，一方面与保险资金的特性相匹配，能够发挥保险资金支持实体经济发展的作用；另一方面，具有稳定现金流的项目，未来可以以资产证券化的方式进行流通，有利于为保险资金提供更多的退出渠道。

由于《预算法》及其实施条例对地方举债严格限制，地方政府财政压力大，有着通过PPP项目变相举债的冲动，饮鸩止渴谈不上，但是寅吃卯粮的情况还是有的，个别地方PPP项目的财政承受能力论证，人大决议等保障方式等流于形式，平台公司兜底、回购存在一定程度上的法律、政策和信用风险。《保险资金间接投资基础设施管理办法》对保险资金投资PPP项目提出了"具有预期稳定现金流"的要求，41号文也要求PPP项目"预期能够产生持续、稳定的现金流"，保险资金本身属于风险偏好较低的资金。因此，投资PPP项目应对项目现金流进行认真测算，重点关注本身具有良好现金流的项目，对经济强度较低、自身收入或政府补贴、付费不足以覆盖全部成本和收益的项目要谨慎介入，确保可行性缺口补助和政府付费项目纳入政府的全口径预算管理。

41号文规定，"PPP项目合同的签约政府方为地市级（含）以上政府或其授权的机构"。对政府方的规定较为宽泛，在选择政府方时，重点要选择具有契约精神、履约能力强的政府；同时，由于政府部门履约承诺往往受到政府组成人员、工作人员变动的影响，因此在面临换届、人员调整的时期选择政府方，在决策时要相对谨慎。在选择社会资本方时，除要求的承担项目建设或运营管理责任的主要社会资本方为行业龙头企业、主体信用评级不低于AA+、最近两年在境内市场公开发行过债券等规定外，还要重点关注社会资本方是否有建设、运营PPP项目的相关经验和人员。不论是选择政府方还是选择社会资本方，除了上述条件外，最重要的是考量保险机构与合作方之间，是否有充分的合作意愿和一致的利益诉求，这是各方开展合作和保障PPP项目运作安全与稳定的基础。

7.3.2 选择合适的参与方式

保险机构并非专业项目管理者，参与 PPP 项目投资，项目出现问题，保险机构对项目的干预、影响有限，保险机构可以通过与产业投资基金管理公司或者其他专业管理机构开展合作，综合考量自身实力和投资能力，选择适合的 PPP 项目参与方式，从而实现风险的相对隔离。对于实力较为雄厚的大型保险机构，可以考虑直接投资方式，以获取较高的投资收益和社会效益；对于中小型保险机构，可以选择参与 PPP 产业引导基金等间接投资方式，以保证风险相对可控。不论是直接投资还是间接投资，都应在决策前进行充分的尽职调查，尽可能将可能遇到的情况通过合同方式加以明确。对于直接投资项目，在项目的建设、施工、运营阶段应以建设施工方、运营方为主要决策人，保险机构应重点专注取得财务控制权和重大事项决策权，以提高效率，充分发挥协同效应，实现合作共赢。

7.3.3 控制投资的规模和比例

与保险资金参与其他类型的投资类似，参与 PPP 项目投资也应注意投资分散度的把握，具体体现在单个 PPP 项目投资的规模和比重上面。首先，对于期限等其他属性类似的可运用资金，确定并严格控制投资于 PPP 项目的比例，并且尽量采取多种投资形式（如股权、债权、股债结合）。其次，对不同属性的资金进行细分，如根据保险资金的负债来源及期限，合理将其运用到相匹配的资产端投资上来。另外，密切注意 PPP 项目投资的区域集中度和行业集中度，在充分调研的基础上，进行科学合理的投资分配。

7.3.4 项目全生命周期风险管理

目前，保险资金参与 PPP 项目投资的热情空前高涨，仿佛一时间各保险资管机构都积极投身于 PPP 项目投资中来，但此时更应注意投资工作的循序渐进。首先，运用专业的人员对项目进行细致的甄别，勇于发现项目的风险点并果断拒绝，切不可贪图项目之多、规模之大，而是要从项目准入起，就将风险防范放在第一位。其次，要在不断的探索和尝试中，寻找保险资金参与 PPP 项目的规律和经验，以期为后续的实践提供借鉴。另外，应充分发挥信用风险缓释工作的效用，提前布局、分散风险。

PPP 项目涉及主体多，项目复杂，投资规模大，周期长，因此在管理风险时必须全面、综合考量政府、社会资本以及项目本身的风险，在项目前期准备、招标、谈判、融资、建设、运营、移交退出等不同阶段，要全面预防、甄别风险，在项目实施的过程中根据具体情况，随时调整风险防范措施，PPP 项目的风险随时处于变化之中，贯穿始终，而任何一方都不可能对全部风险尤其是长期风险进行准确的预测和判断。因此，必须有针对性地进行全流程、全周期的动态风险管理，根据不同阶段，运用不同的风险管理手段，采取不同的风险防范措施，并且建立相应的动态调节机制和退出机制，对于项目相关要素，比如价格、期限、利益分配、融资责任、退出机制等，都要尽可能详细考虑可能出现的情况，予以动态安排，必要时可以进行重新谈判。在项目前期，要进行充分的调研和论证，充分了解当地关于 PPP 的法律法规规定及政策、经济情况、政府信用等；在招标、合同谈判阶段，要聘请专业的中介机构，对合同条款进行分析研判，精心设计合同条款；在项目融资阶段，根据实际需求选择匹配的融资，包括再融资等方案，划分融资责任；在项目建设阶段，要控制成本，保证安全，确保工期进度；在项目运营阶段，要合理调整价格，提高运营效率等；在项目移交退出阶段，要建立相应的退出机制，明确退出方式，按合同约定和相关法规规定做好相关工作。

7.3.5 降低对 PPP 资产证券化增信措施的依赖

虽然目前保险资管机构通过直接投资参与 PPP 项目投资的模式较为常见，但未来随着资产证券化及其二级市场的不断发展，PPP 资产证券化必将成为现有投资者退出和新投资者进入的良好途径。而保险资管机构作为投资者，应具备独立识别 PPP 资产证券化风险的能力，弱化对差额补足等其他增信措施的依赖。

参 考 文 献

[1] Abbas Valadkhani & Andrew Worthington. Ranking and Clustering Australian University Research Performance, 1998 – 2002. Journal of Higher Education Policy and Management, 2006, Volume 28, Issue 2.

[2] Åse Johannessen, Rosemarin A, Thomalla F, et al. Strategies for Building Resilience to Hazards in Water, Sanitation and Hygiene (WASH) Systems: The Role of Public Private Partnerships [J]. International Journal of Disaster Risk Reduction, 2014, 10 (Part A): 102 – 115.

[3] Asheem Shrestha, Toong-Khuan Chan, Ajibade A. Aibinu, Chuan Chen. Efficient Risk Transfer in PPP Wastewater Treatment Projects. In Utilities Policy, Volume 48, 2017, Pages 132 – 140.

[4] Bettignies J E D, Ross T W. Public-private Partnerships and the Privatization of Financing: An Incomplete Contracts Approach [J]. International Journal of Industrial Organization, 2009, 27 (3): 358 – 368.

[5] Bhattacharya G, Ghosh K, Chowdhury A S. Granger Causality Driven AHP for Feature Weighted kNN [J]. Pattern Recognition, 2017 (66): 425 – 436.

[6] Carmona M. The Regulatory Function in Public-private Partnerships for the Provision of Transportinfrastructure [J]. Research in Transportation Economics, 2010, 30 (1): 110 – 125.

[7] Chou J S, Tserng H P, Lin C, et al. Strategic Governance for Modeling Institutional Framework of Public-private Partnerships [J]. Cities, 2015, 42 (Part B): 204 – 211.

[8] Cruz C O, Rui C M. Flexible Contracts to Cope with Uncertainty in Public-Private Partnerships [J]. International Journal of Project Management, 2013, 31

(3): 473-483.

[9] Dahri N, Abida H. Monte Carlo Simulation-aided Analytical Hierarchy Process (AHP) for Flood Susceptibility Mapping in Gabes Basin (Southeastern Tunisia) [J]. Environmental Earth Sciences, 2017, 76 (7): 302.

[10] Erick F. Oechler Solana. Public Private Not-for-profit Partnerships: Delivering Public Services to Developing Countries [J]. Procedia Engineering, 2014, 78: 259-264.

[11] Gary H. Jefferson, BaiHuamao, Guan Xiaojing, et al. R&D Performance in Chinese industry [J]. Economics of Innovation & New Technology, 2006, 15 (4-5): 345-366.

[12] Geddes R R, Wagner B L. Why do U.S. States Adopt Public-private Partnership Enabling Legislation? [J]. Journal of Urban Economics, 2013, 78 (4): 30-41.

[13] Giovanni Abramo, Ciriaco Andrea D'Angelo, Flavia Di Costa, A National-Scale Cross-time Analysis of University Research Performance, Scientometrics, May 2011, Volume 87, Issue 2, Pages 399-413.

[14] Glumac B, Han Q, Schaefer W, et al. Negotiation Issues in Forming Public-private Partnerships for Brownfield Redevelopment: Applying a Game Theoretical Experiment [J]. Land Use Policy, 2015, 47: 66-77.

[15] Gómez-Navarro T, García-Melón M, Guijarro F, et al. Methodology to Assess the Market Value of Companies According to Their Financial and Social Responsibility Aspects: an AHP Approach [J]. Journal of the Operational Research Society, 2017: 1-12.

[16] Iossa E, Martimort D. Corruption in PPPs, Incentives and Contract Incompleteness [J]. International Journal of Industrial Organization, 2016, 44: 85-100.

[17] Korhonen P, Tainio R, Wallenius J. Value Efficiency Analysis of Academic Research [J]. European Journal of Operational Research, 2001, 130 (1): 121-132.

[18] Liu T, Wilkinson S. Large-scale Public venue Development and the Application of Public-Private Partnerships (PPPs) [J]. International Journal of Project Management, 2014, 32 (1): 88-100.

[19] Martins A C, Rui C M, Cruz C O. Public-private Partnerships for Wind Power

Generation: The Portuguese Case [J]. Energy Policy, 2011, 39 (1): 94 – 104.

[20] Moody's Rating. Symbols and Definitions [EB/OL]. http://www.moodys.com/, 2013.

[21] Ng S T, Xie J, Cheung Y K, et al. A Simulation Model for Optimizing the Concession Period of Public-private Partnershipsschemes [J]. International Journal of Project Management, 2007, 25 (8): 791 – 798.

[22] Nisar T M. Implementation Constraints in Social Enterprise and Community Public Private Partnerships [J]. International Journal of Project Management, 2013, 31 (4): 638 – 651.

[23] Oral M, Oukil A, Malouin J L, et al. The Appreciative Democratic Voice of DEA: A Case of Faculty Academic Performance Evaluation [J]. Socio-Economic Planning Sciences, 2014, 48 (1): 20 – 28.

[24] Panayides P M, Parola F, Lam J S L. The Effect of Institutional Factors on Public-private Partnership Success in Ports [J]. Transportation Research Part A, 2015, 71 (71): 110 – 127.

[25] PPP模式的风险与防范 [互联网]. 政府和社会资本合作（PPP）研究中心, 2015.

[26] PPP模式中社会资本方退出机制的必要性和可行性研究。http://www.wzlawyers.cn/NewsDetail.php?ID_News=13093 温州律师网, 2015年8月13日。

[27] PPP模式中社会资本退出方式选择。http://huanbao.bjx.com.cn/news/20160929/776930.shtml 北极星环保网, 2016年9月29日。

[28] PPP如何退出？一文看懂PPP模式中社会资本退出机制。http://www.h2o-china.com/news/244825.html 中国水网, 2016年8月18日。

[29] Regan M, Smith J, Love P E D. Financing of Public Private Partnerships: Transactional Evidence from Australian Tollroads [J]. Case Studies on Transport Policy, 2017.

[30] S&P. Standard & Poor's Rating Definitions [EB/OL]. http://www.standardandpoors.com/home/en/us, 2010.

[31] Schepper S D, Dooms M, Haezendonck E. Stakeholder Dynamics and

Responsibilities in Public-Private Partnerships：A Mixed Experience［J］. International Journal of Project Management，2014，32（7）：1210－1222.

［32］Schwarz L，Miller R，Plummer D，et al. Measuring the Effectiveness of R&D［J］. Engineering Management Review IEEE，2014，42（4）：77－85.

［33］Siemiatycki M. Canadian Pension Fund Investors in Transport Infrastructure：A Case Study［J］. Case Studies on Transport Policy，2015，3（2）：166－175.

［34］Sombatsompop N，Markpin T，Ratchatahirun P，et al. Research Performance Evaluations of Thailand National Research Universities during 2007－2009［J］. Information Development，2010，26（4）：303－313.

［35］Timothy Besley，Maitreesh Ghatak. Public-Private Partnerships for the Provision of Public Goods：Theory and an Application to NGOs ☆［J］. Research in Economics，2017.

［36］Whiteley R，Parish T，Dressler R，et al. R&D Metrics：Evaluating R&D Performance Using the New SalesRatio［J］. Research-Technology Management，2016：20－22.

［37］Whiteley R，Parish T，Dressler R，et al. R&D Metrics：Evaluating R&D Performance Using the New SalesRatio［J］. Research-Technology Management，2016：20－22.

［38］芭芭拉·韦伯（Barbara Weber），汉斯·威廉·阿尔芬（Hans Wilhelm Alfen）著. 基础设施投资策略项目融资与PPP［M］. 北京：机械工业出版社. 2016.

［39］北京公共交通价格调整听证方案.

［40］北京兴延高速公路政府和社会资本合作（PPP）招标文件.

［41］曹德云，万放. 中国保险资产管理业发展战略与对策［M］. 上海：上海财经出版社，2016.

［42］曹顺明，胡滨. 保险资金投资基础设施的可行性及路径研究［J］. 保险研究，2006（01）.

［43］陈青松，周子琰著. 金融创新加速推进PPP［M］. 北京：企业管理出版社. 2016.

［44］陈世金，刘浩. PPP模式决策的影响因素分析——基于发展中国家的

经验[J]. 统计与信息论坛, 2016, 31 (5): 70-76.

[45] 陈思阳, 王明吉. PPP项目"物有所值"评价 (VFM) 体系研究[J]. 财政科学, 2016 (8): 65-71. 程哲, 季闯. 中国PPP发展历程及特征分析.

[46] 达菲, 辛格尔顿, 信用风险: 定价度量及管理, 上海财经大学出版社, 2009年.

[47] 单金辉, 陈进冠, 练庆凤, 等. 基于AHP—熵值法的农超信息对接绩效评估及优化——以广东省广州市为例[J]. 环球市场, 2016 (6): 69-69.

[48] 邓小鹏. PPP项目风险分担及对策研究[D]. 东南大学博士学位论文, 2017.

[49] 丁伯康, 李娜, 保险资金参与PPP项目路径与案例分析, 中保网, http://tz.sinoins.com/2017-06/12/content_233133.htm.

[50] 冯珂, 王守清, 伍迪等. 基于案例的中国PPP项目特许权协议动态调节措施的研究[J]. 工程管理学报, 2015, (3).

[51] 高希红. 基础设施投融资模式国际经验及借鉴[J]. 合作经济与科技, 2014 (18).

[52] 公司战略与风险管理, 中国注册会计师协会编著, 经济科学出版社, 2013年.

[53] 何佳艳. 险资松绑PPP[J]. 投资北京, 2016 (8): 37-39.

[54] 何亚伯, 孙蕾, 秦伟. 基于AHP和熵值法的PPP项目风险分担研究[J]. 项目管理技术, 2016 (1): 35-41.

[55] 黄华珍 王祎, 监管新政下保险资金投资PPP项目的路径与风控要点分析, 和讯网, http://insurance.hexun.com/2016-07-24/185106705.html, 2016年7月.

[56] 黄华珍, 王祎. 监管新政背景下险资投资PPP项目探析[J]. 中国保险资产管理, 2016 (4).

[57] 黄华珍. PPP项目资产证券化退出机制的法律分析[J]. 招标采购管理, 2015, (15).

[58] 黄塑杰, 袁竞峰, 邱作舟. PPP项目社会风险涌现的影响因素分析[J]. 科技管理研究, 2018 (8): 216-223.

[59] 贾康, 孙洁. 公私伙伴关系PPP的概念、起源、特征和功能[J]. 财

政研究，2005（10）．

［60］康念福．粤东西北振兴发展股权基金运作实现四大创新，中国注册会计师协会编著，广东经济，2014-12-05．

［61］柯永建．中国 PPP 项目风险公平分担［D］．北京：清华大学，2010．

［62］李雷鸣，于跃，刘丙泉．基于 AHP-熵值法的青岛市产学研合作创新绩效评价研究［J］．科技管理研究，2014（15）：40-43．

［63］梁良．PPP 产业基金退出机制法律问题研究［J］．产业与科技论坛，2017（5）．

［64］林华．PPP 与资产证券化［M］．北京：中信出版社，2016．

［65］刘穷志，庞泓．基础设施项目建设风险与价值评估：VfM 方法的改进及应用［J］．财贸研究，2016（2）：120-127．

［66］刘婷，王守清，盛和太等．PPP 项目资本本机构选择的国际经验研究［J］．建筑经济，2014，（11）．

［67］刘新平，王守清．试论 PPP 项目的风险分配原则和框架［J］．建筑经济，2006，（280）．

［68］刘学通，保险与投资若干问题研究，中国人保资产管理股份有限公司网站，2013（5）．

［69］刘勇，肖翥，许叶林．基础设施 PPP 项目评价与立项决策的再思考——基于 PPP 模式的国际实践经验［J］．科技管理研究，2015（8）：185-190．

［70］刘宇文．PPP 项目再融资最优资本结构研究［D］．北京：清华大学，2011．

［71］吕汉阳，曾涛，朱崇坤等．PPP 模式全流程指导与案例分析［M］．北京：中国法制出版社，2016．

［72］明树数据，中国 PPP 市场发展分析（2014—2017）．

［73］彭清辉．我国基础设施投融资研究［D］．长沙：湖南大学，2011．

［74］桑培东，张炜．基于层次分析法的 PPP 模式风险管理［J］．项目管理技术，2016，14（12）：116-120．

［75］盛和太．PPP/BOT 项目的资本结构选择研究［D］．北京：清华大学，2011．

［76］寿晖，张永安．基于 AHP—熵值法商业银行体系风险指标预警研

究——来自 2003—2012 年数据［J］. 华东经济管理, 2013 (10)：44 - 49.

［77］宋丁. 准经营性 PPP 项目的资金退出问题研究［D］. 大连：东北财经大学, 2016.

［78］孙倩倩, 高志刚. PPP 项目的投融资方式分析［J］. 大众理财顾问, 2015 (8)：74 - 77.

［79］王道平, 王煦. 基于 AHP/熵值法的钢铁企业绿色供应商选择指标权重研究［J］. 软科学, 2010, (8)：117 - 122.

［80］王善才. PPP 模式退出机制多样性研究［J］. 财政监督, 2017, (14).

［81］王守清, 刘云. 公私合营 (PPP) 和特许经营等相关概念［J］. 环境界, 2014, (25).

［82］王守清, 王盈盈. 政企合作 (PPP) 王守清核心观点［M］. 北京：中国电力出版社, 2017.

［83］王晓彦, 钮若晗. PPP 项目的风险及其治理研究［J］. 中国物价, 2017 (6)：14 - 17.

［84］王宇文. 保险资金对接我国基础设施 PPP 模式研究［J］. 中国保险资产管理, 2016 (1).

［85］魏健. 基于 PPP 模式的保险资金投资风险分析［D］. 山东大学, 2015.

［86］谢忠秋. Cov-AHP：层次分析法的一种改进［J］. 数量经济技术经济研究, 2015, (8)：137 - 148.

［87］许维鸿. PPP 项目资产证券化的交易平台创新［J］. 中国保险资产管理, 2015 (2).

［88］余文恭. PPP 项目与结构化融资［M］. 北京：经济日报出版社, 2017.

［89］詹卉. 基础设施生命周期理论与投融资 PPP 模式研究［J］. 地方财政研究, 2014, (1).

［90］张水波, 郭富仙. 基于风险视角的国际 PPP 项目投标决策模型研究［J］. 工程管理学报, 2013 (5)：59 - 63.

［91］张馨如. 我国 PPP 项目引入资产证券化融资模式的法律问题研究［D］. 上海：华东政法大学, 2016.

［92］张旭升, 陈飞跃主编, 金融与贸易十二五规划教材, 北京：电子工业

出版社，2015.

[93] 张智勇.《PPP 模式下高速公路项目投融资风险管理研究》，中国科学院大学硕士论文，2016 年 3 月.

[94] 赵威. 保险资金参与 PPP 项目投融资的实践与探索［J］. 中国保险资产管理，2016（5）.

[95] 赵伟. PPP 模式简介及对保险资金投资的影响［J］. 管理学家，2014（19）.

[96] 郑宇，董川顺，马登哲. 基于 AHP 和熵值法的项目供应商灰色关联评价［J］. 工业工程与管理，2011，（6）：66－68.

[97] 中国保险资产管理业协会，清华大学政府和社会资本合作研究中心. 保险资金参与 PPP 实践研究. 北京：中国金融出版社，2017 年 11 月.

[98] 中央企业全面风险管理指引，国务院国有资产监督管理委员会网站，http：//www.sasac.gov.cn/#.

[99] 周海珍. 保险资金参与 PPP 项目的风险及控制［J］. 中国保险，2017（2）：19－21.

[100] 周兰萍. PPP 项目运作实务［M］. 北京：法律出版社，2016.

[101] 朱南军等. 风险资金运用风险管控研究［M］. 北京：北京大学出版社，2014.

[102] 邹群思. 保险资金参与公租房建设公私合营（PPP）模式研究［D］. 浙江财经大学，2014.

后　记

"IAMAC 年度系列研究课题"是由中国保险资产管理业协会（以下简称协会）于 2015 年创办的行业研究活动，现已成为保险资管行业规模最大、研究领域最广、参与人数最多、成果最为丰富的重要研究品牌。为了更好地展现和分享行业最新研究成果，协会精挑业界广泛参与、监管重点关注的五大主题，在 2017IAMAC 年度课题成果基础上梳理整合，形成系列成果专著，本书正是系列成果专著之一。

协会与鹏元资信评估有限公司共同参与本书的出版工作。同时，还成立了出版工作小组，参与出版过程重要节点工作的征求意见、审核把关等。工作小组选派专业的研究人员参与书稿的整合编写、修订以及出版前的审核校稿等工作。工作小组成员均具有 PPP 领域的相关研究经验，为本书的编写提供了良好的研究基础。经过几个月紧张而有序的编写、修订与完善工作，直到最终定稿，本书顺利面世。

本书在编写和出版过程中得到了协会相关领导和中国银保监会资金部的直接指导和大力支持。本书的内容主要来源于"2017IAMAC 年度课题"的部分成果，包括：北京市万商天勤律师事务所的《论保险资金参与 PPP 项目风险管理和退出机制》、福建江夏学院的《基于层次分析法的保险资金参与 PPP 项目决策研究》、鹏元资信评估有限公司的《保险资金参与 PPP 项目的风险管理和退出机制研究》、光大永明资产管理有限公司的《保险资金参与 PPP 项目的风险管理和退出机制研究》、联合信用评级有限公司的《保险资金参与 PPP 项目的风险管理和退出机制研究》。在本书的编写过程中也得到了上述单位的积极配合和大力支持。本书在编写过程中参阅了大量国内外文献资料，借鉴了许多学者的学术观点，在此一并致以最诚挚的谢意！

希望本书能够为保险资金参与 PPP 项目提供积极的帮助，尤其是在风险管理和退出机制两个方面的研究成果能够为保险机构提供有益的借鉴。同时，希望本书的研究成果可以为我国 PPP 领域的长期、健康发展做出绵薄的贡献。

由于编印时间紧迫，本书的编写工作难免有疏漏之处，我们殷切希望业内同仁及广大读者能够给予批评与指正。

中国保险资产管理业协会
2018 年 8 月